DVD 試合で使える 野球審判のしかたとルール

横溝直樹　牧野勝行 監修

西東社

選手が大事にしている 1球、1《ワン》プレイを 判定するのが魅力！

野球は、9人の選手がそれぞれの役割を果たしつつ、1球で勝敗が決まってしまう集中力と一瞬の判断力が必要なスポーツです。その選手が大事にしている1球、1《ワン》プレイを判定するのが審判の魅力でもあり難しさでもあります。

そうした魅力と難しさも含めて、私たちは野球が大好きです。私たちだけでなく、審判を勤める者はみな審判という仕事が好きで、誇りを持っています。そして私たちと一緒に、これから審判を始めようとしている方に役立つ本を提供したいと思い、この本ができました。

本書では、公認野球規則とアマチュア野球内規および軟式野球の特別規則をベースに、活字だけでなく、DVDや写真、イラストを使って、わかりやすく審判の仕方やルールを解説しました。所属する団体や球場によって、ルールや解釈、審判の仕方に多少の違いはありますが、本書を読んでもらい、現場での実践を繰り返し、そこで出た疑問点をまた本書で読み返してもらえれば、より深い理解が得られるはずです。選手でも監督でもない別の立場から見た野球の面白さ、楽しさを感じ取っていただければ幸いです。

回
チーム
一 二 三 四 五 六 七 八 九 十 計

目次

Part 3 バッテリーに対するジャッジ

Part 4 打者に対するジャッジ

Part 5 走者に対するジャッジ

Part 6 野手に対するジャッジ

本書は2013年4月30日現在のデータに基づいています。

Umpire's Topic

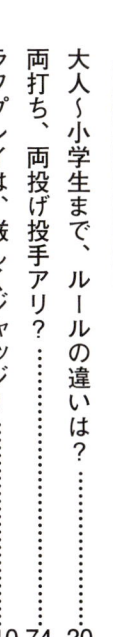

DVDの使い方

DVDの特長

審判員の役割から、試合進行、選手たちに対するジャッジの仕方まで、球審、塁審にとって必要な情報を余すことなく収めたDVDです。展開に応じた各審判員の動き方も詳しく紹介。打球が飛んだ方向に対して、どう動けばいいかを、無走者の場合、各塁に走者がいる場合といったシチュエーションに合わせて解説しています。

特長1 試合前の準備から試合終了までの流れがわかる!

審判の仕事は、試合前からすでに始まっている。攻守の決定や準備投球など、一連の流れを丁寧に紹介する！

特長2 リプレイやスローモーションを駆使！

同じシーンをリプレイやスローモーションにより繰り返し視聴することで、理解度が自然にアップ！

特長3 反則行為のジャッジができる！

ボークや守備妨害などの反則行為の見極め方を、詳しく解説。自信を持ってジャッジできるようになる！

特長4 分かりにくいフォーメーションも一目瞭然！

三塁塁審が打球を追った場合、空いた三塁は誰が見るのかなど、分かりにくいフォーメーションも一目瞭然！　また、2画面映像で、各審判員の動きも同時にわかる！

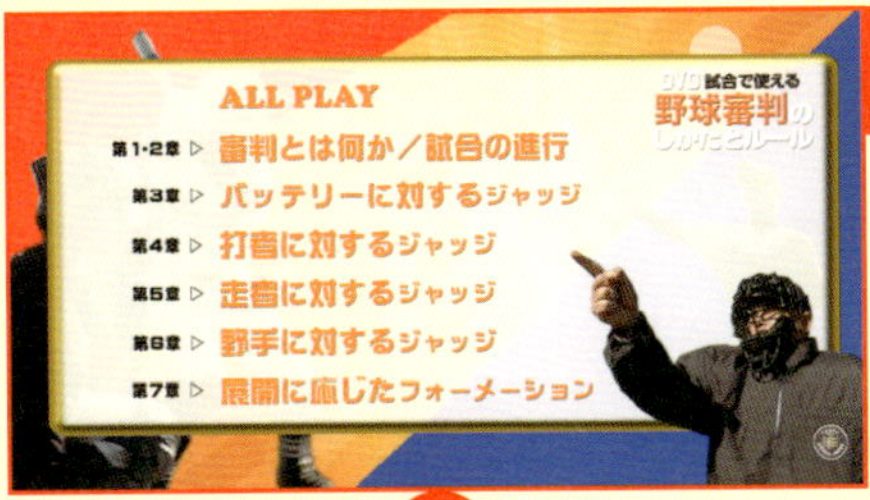

1 メインメニューを表示する

DVDをプレイヤーにセットして再生させると、「おことわり」「オープニング映像とタイトル」の後に、メインメニューが表示されます。「OPENING SKIP」ボタンを選択すると、オープニング映像を省略することができます。

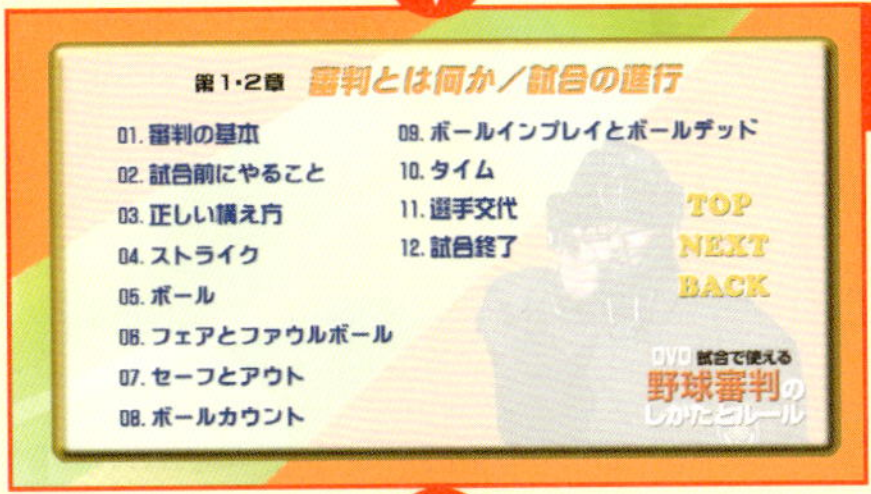

2 見たいパートを選ぶ

メインメニューには、収録されている6つのパートが表示されるので、見たいパートを選んでください。全編再生したい時は「ALL PLAY」を選択します。

3 見たい項目を選ぶ

パートメニューには、収録されている項目が表示されます。見たいものを選択すると、その映像が再生されます。メインメニューに戻る時は「TOP」、次のメニューを見たい時は「NEXT」、前のメニューに戻りたい時は「BACK」のボタンを押してください。

75分 DVD ビデオ 本書付録DVDをご使用になる前に

使用上のご注意

●DVDビデオは、映像と音声を高密度に記録したディスクです。DVDビデオ対応のプレーヤーで再生してください。プレーヤーによっては再生できない場合があります。詳しくは、ご使用になるプレーヤーの取扱説明書をご参照ください。

●本ディスクにはコピーガード信号が入っていますので、コピーすることはできません。

再生上のご注意

●各再生機能については、ご使用になるプレーヤーおよびモニターの取扱説明書を必ずご参照ください。

●一部プレーヤーで作動不良を起こす可能性があります。その際は、メーカーにお問い合わせください。

取扱上のご注意

●ディスクは両面とも、指紋、汚れ、傷等をつけないように取り扱ってください。

●ディスクが汚れたときは、メガネふきのような柔らかい布を軽く水で湿らせ、内周から外周に向かって放射線状に軽くふき取ってください。レコード用クリーナーや溶剤等は使用しないでください。

●ディスクは両面とも、鉛筆、ボールペン、油性ペン等で文字や絵を書いたり、シール等を貼らないでください。

●ひび割れや変形、または接着剤等で補修されたディスクは危険ですから絶対に使用しないでください。また、静電気防止剤やスプレー等の使用は、ひび割れの原因となることがあります。

鑑賞上のご注意

●暗い部屋で画面を長時間見つづけることは、健康上の理由から避けてください。また、小さなお子様の視聴は、保護者の方の目の届く所でお願いします。

保管上のご注意

●使用後は必ずプレーヤーから取り出し、DVD専用ケースに収めて、直射日光が当たる場所や高温多湿の場所を避けて保管してください。

●ディスクの上に重いものを置いたり落としたりすると、ひび割れしたりする原因になります。

お断り

●本DVDは、一般家庭での私的視聴に限って販売するものです。本DVDおよびパッケージに関する総ての権利は著作権者に留保され、無断で上記目的以外の使用（レンタル＜有償、無償問わず＞、上映・放映、インターネットによる公衆送信や上映、複製、変更、改作等）、その他の商行為（業者間の流通、中古販売等）をすることは、法律により禁じられています。

本書の使い方

本書の特長

これから野球審判を始める方、もしくは審判を始めたばかりの方にも役立つ情報を２ページ、４ページ単位でわかりやすくまとめました。初心者の方は最初から読み進めれば、基礎からしっかり理解できます。経験者は、わからないルールや不足している知識を補うために、辞書を引くように調べて、学んでみるのもよいでしょう。

ACTION
目の前のプレイに対してどう動き、どういう判定をすればいいのか、具体的な動きの流れをつかむ。

JUDGE
最終的に選手に下す判定は何なのか、ジャッジの結果がわかる。

LOOK
選手のどこを見て、プレイの判定をするのか、見るべき視点を明らかにする。

言葉ではわかりにくい内容でも、写真ならイメージしやすい。他にイラストも使って、内容をさらに掘り下げる。

出塁ができる①
デッドボール（ヒットバイピッチ）の判定
DVD 21
デッドボールのジェスチャー
LOOK デッドボールを確認する。
1
ボールが打者に当たったことを確認する。
試合を中断して一塁へ促す
投球が打者に触れたら、球審は両手を上げて「ヒットバイピッチ！」とコール。ボールデッドの状態にします。投球が打者に当たったことを確認してから、一塁へ促します。以前は、当たった部位を球審が自分の体を触って示したこともありますが、今はしません。
ただし、打者が本塁ベースにかぶさるように構え、投球がストライクゾーンを通過したら、「ストライク！」をコールします。また、打者がスイングして体に当たってもストライクです。バントも同様です。
投球がバットのグリップエンド付近に当たった場合は、ボールの弾み方を見ます。バットに当たった場合は大きく弾むからです。球審は
球されたボールの角度の変化や音に注意する必要があります。
80
Part 4 打者に対するジャッジ
ヒットバイピッチ！
ACTION ボールデッドにする。
2
両手を広く上げて、「ヒットバイピッチ！」とコールする。ボールデッドの状態になる。
よける
JUDGE 一塁を指さし進塁を促す。
3
打者の安全を確認したら、一塁を指さして、進塁を促す。
ランナー一塁へ！
81

当該ページに関係するミニ解説。「ここだけは覚えよう」「ルールに学ぶ」「困った時のQ＆A」があり、知識を効率的に吸収できる。

タイトルの内容について詳しく説明。重要箇所は太字になっているので、ポイントとなる要素がひと目で理解できる。

DVD 21 付属のDVDとリンクしている。掲載番号のチャプターを見れば、このページの内容を映像で見て学ぶことができる。

Part 1

審判とは何か

審判員の役目

球審は投手の全投球をジャッジするなど、体力、集中力が最も必要とされる。球審がそのまま主審であるとは限らない。主審はそのクルーの責任審判のことをいう。

試合を円滑に進める球場の裁判官

審判員とは公認野球規則に基づき、**中立、公正な立場から試合を安全、円滑に進行させる人のこと**です。**球場の裁判官**ともいわれます。

以前は目立ってはいけない存在とされていました。しかし、現在は**イニシアチブ（主導権）をとって試合を引っ張っていく姿勢が求められています。**判定の時は、ジェスチャーは大きく、コールの声も大きくするよう心がけます。また、フェアプレイ、試合進行のためのスピードアップを選手に促すこともします。

正しくジャッジするために、クルー（班）で臨みます。球審（アンパイヤーインチーフ）1人、塁審（フィールドアンパイヤー）3人の**4人制審判が基本**です。人数がいない時は、3人制、2人制で行う場合もあります（➡P19）。

三塁塁審

一番ジャッジの機会が少ないが、本塁が近く得点にからむため重要。

二塁塁審

二塁塁審は特に、出塁状況によってポジションが変わる。状況判断を的確に行うこと。

一塁塁審

一塁塁審は球審の次にジャッジする機会が多く、上級者が担当するのが望ましい。

困った時の Q&A

アマチュア審判にライセンス制

Q: どうすれば、審判員になれますか？

A: 少年野球の審判員になるには、講習会で学び、認定試験を受けますが、これからはライセンス制になる流れがあります。日本アマチュア野球規則委員会は 2013 年、審判員ライセンス制度を 2015 年から導入することに決めました。アマチュアの全国大会の審判員はこの委員会が認めた 1 級資格取得者から選ばれるようになります。 1 級の資格が必要な大会は社会人の都市対抗野球大会や日本選手権、全日本大学選手権、天皇賜杯国体の軟式野球などです。

最高責任者になる

審判員は試合進行における「最高責任者」であることを自覚しよう。コールは自信を持って大きな声で行う。

服装と持ち物

上衣には、えり付きのシャツかポロシャツを着用する。

寒い日にはジャンパーを着用して、手袋をはめることもある。

DVD 01

グラウンド上で威厳を保てるよう、服装に気を遣う。帽子も深くしっかり被る。始めて間もない審判員にはクルーで着こなし方のアドバイスをするのもよい。

厳格かつ動きやすさを優先した服装

審判員は、身なり、立ち姿が大切です。上着のボタンをしっかり止めるなど、**威厳を保てるように着こなさなければなりません。**

所属する団体ごとで、制服や帽子が支給される場合があります。ない場合は白いシャツに黒色か紺色のスラックス、寒い時期はジャンパーを着用します。以前はブレザーを着ていましたが、動きやすさを優先し、今ではジャンパーを奨励しています。

球審はつばの短いマスク用の帽子、塁審はつばが長めの帽子をかぶります。**靴はスパイクシューズ。靴下はボールやラインとの混同をさけるため、黒色か紺色の無地にします。**

持ち物は**インジケータ、ハケ、ボール入れ、マスク、プロテクター、レガーズ、**などです。装備はファウルカップもつけます。

球審の装備と持ち物

■プロテクター

インサイド・プロテクターは、長時間着けるため、自分の体にしっかりと合ったものを選ぶ。腕を思い通り上げられるよう、肩幅に注意する。

■マスク

ゴムがしっかりと利いて弾力があり、視野が広がるよう顔の形に合ったものを選ぶ。左手で持って、スムーズに外せるよう練習する（→DVD）。帽子はつばの短いものを選ぶ。

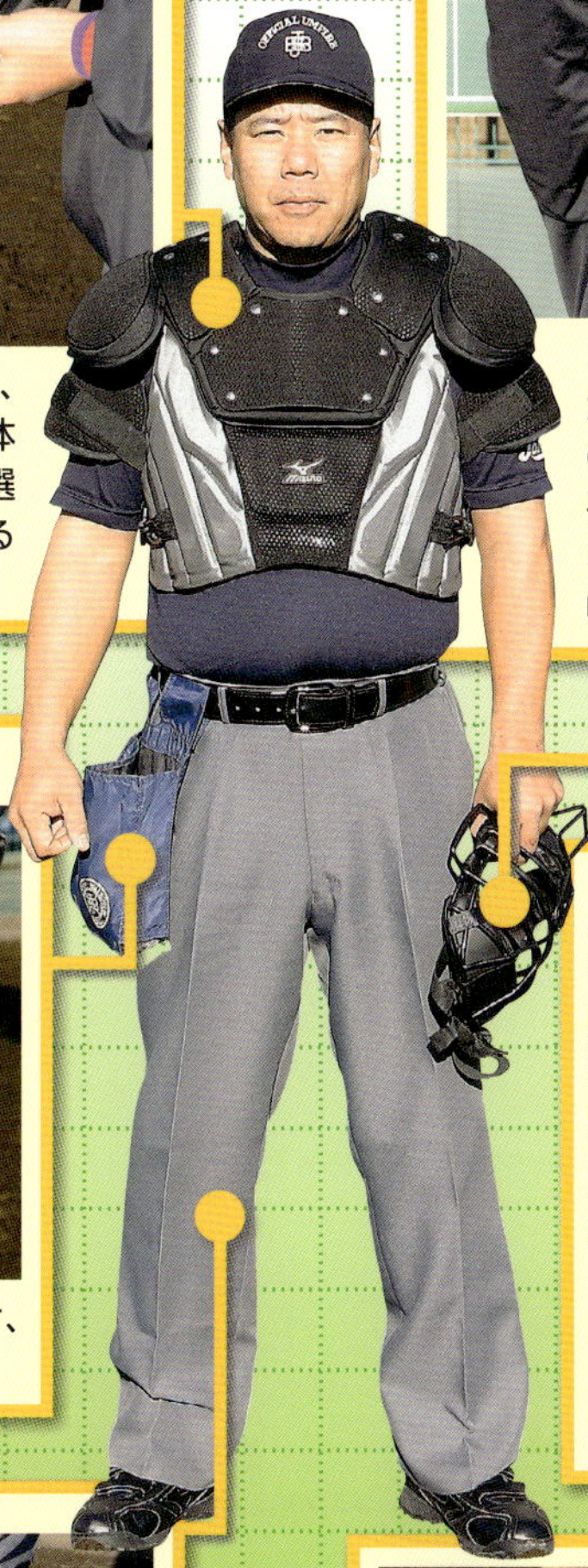

■ボール入れ

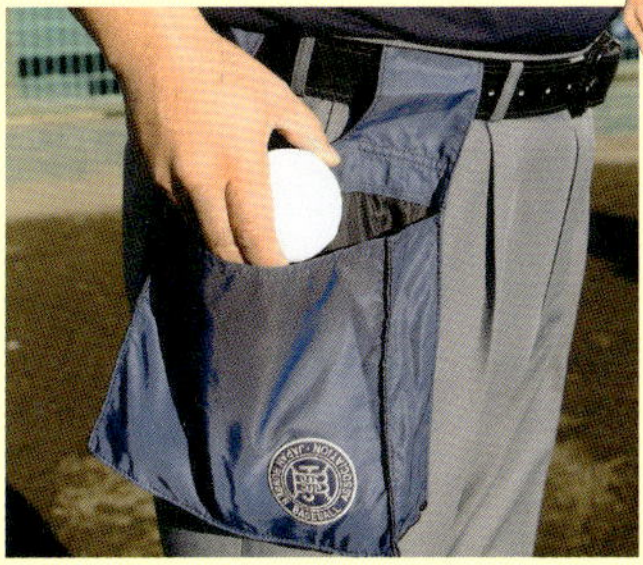

返球しやすい利き腕の体側に着け、ボールは2、3個入れておく。

■インジケータ

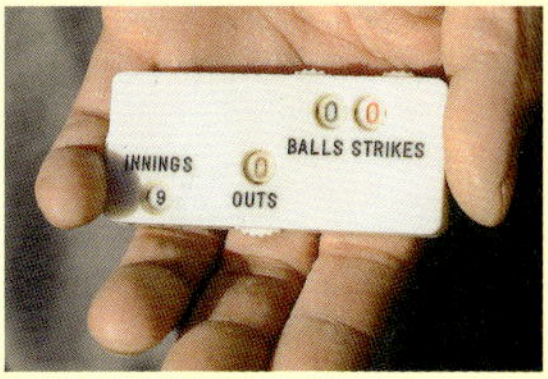

アウト、ボール、ストライクのカウントを行う。同じ種類のカウントは同じ指で行う（→P44）。

■レガーズ

長めのアンダーストッキングの上に着用。試合開始10分前には屈伸したり、軽く足踏みや歩行などをしたりして、ゴムベルトを調整する。

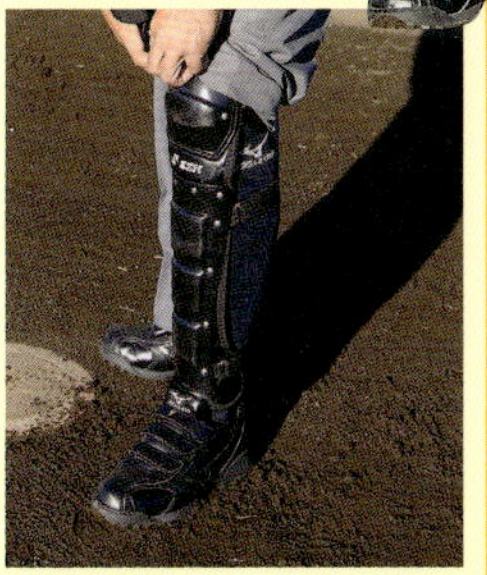

■ハケ

本塁ベースの土をはらう。利き腕のズボン後ろのポケットに入れて、打者の反対側の打席を移動し、ネット側を向くように使う（→P27）。

審判の基本③

球審と塁審の役割

DVD 01

試合開始と終了時の整列では、決まった並び方がある。左から一塁塁審、球審、二塁塁審、三塁塁審と順に並ぶ。

すべての権限を持つ球審とそれをアシストする塁審

試合の適正な運行に関するすべての権限を持つのが球審です。試合開始を告げる「プレイ！」をコールして試合を始めたり、中断していた**試合を再開**したりします。

捕手の後方に位置し、**ボールとストライクを判定し、そのカウントをする**のも球審の役目です。フェアとファウルボールは球審と塁審でエリアを分けてジャッジします。**打者に対しては球審がジャッジします。**

塁審は、それぞれの**担当の塁で責任を持ってジャッジします。**また**球審が気づかないところをフォロー**するのも塁審の役目です。例えば、ベンチから監督やコーチが出てきたら球審に知らせたり、雨の日にはボールチェンジをうながしたりします。

球審と協力して、**試合のスピードアップを目指します。**

球審のジャッジ

ボールカウント

ボールやストライクの数を伝える(➡P44)。

ストライク

ストライクやボールの判定を行う(➡P34、36)。

プレイ

試合のスタートや再開を伝える(➡P27)。

塁審のジャッジ

走者の見極め

走者がセーフかアウトかのタイミングをジャッジ(➡P42)。

ハーフスイング

球審の要請に応じてジャッジする(➡P82)。

フェア

外野の判定は塁審の責任範囲で行う(➡P38)。

ここだけは覚えよう

プレイを予測する

審判員として初めてジャッジをする時、選手の動きを追いがちになりますが、まずはボールを見ることが大切です。ボールがあるところにプレイがあるからです。ただし、あらかじめプレイを予測しておくことは必要です。例えば二塁塁審は走者一塁で内野ゴロが転がった場合、振り返って、二塁ベース付近でのプレイに備えます。選手の動くパターンを頭に入れて、ボールに集中します。

審判員のポジション

DVD 01

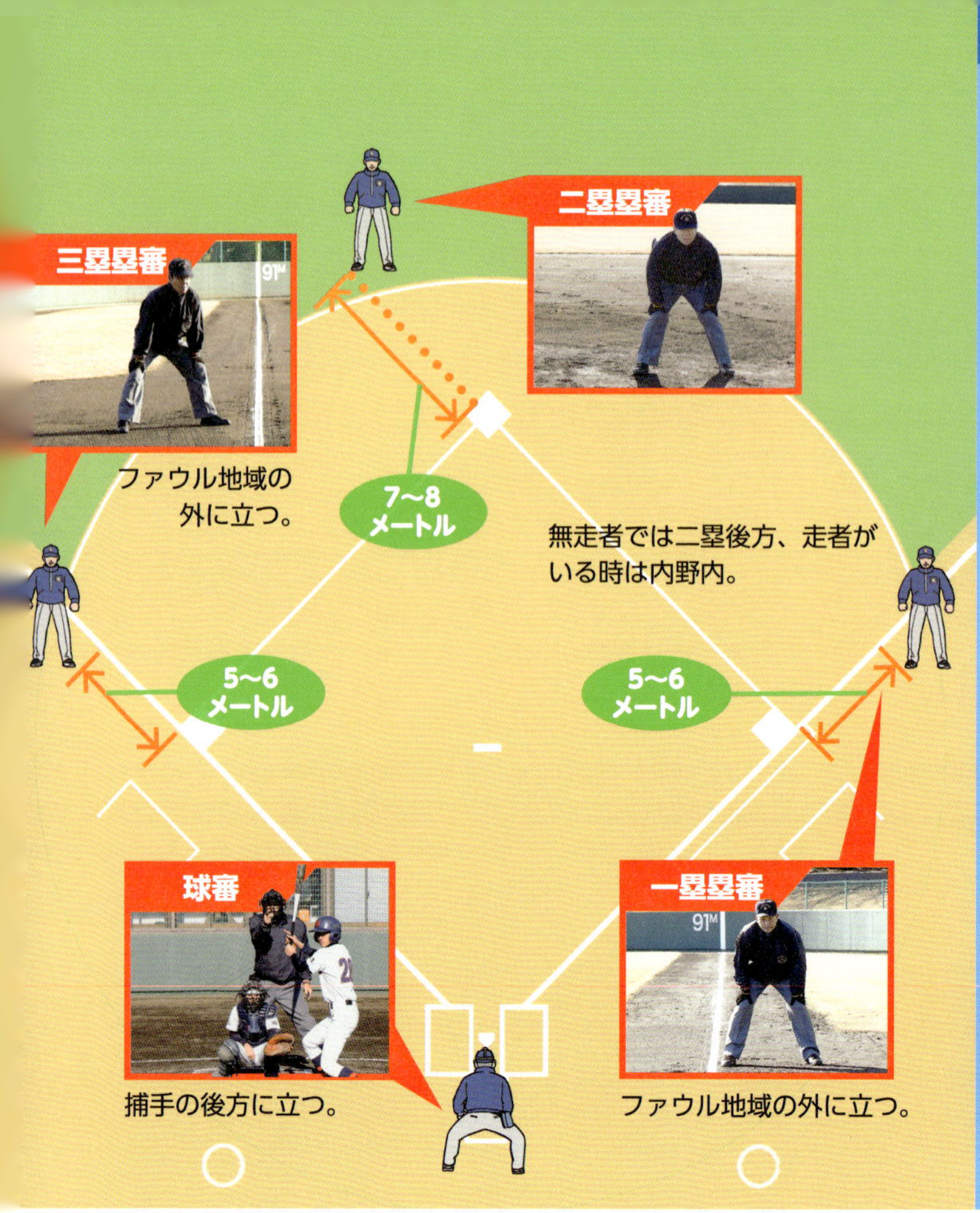
三塁塁審
ファウル地域の外に立つ。
二塁塁審
7〜8メートル
無走者では二塁後方、走者がいる時は内野内。
5〜6メートル
5〜6メートル
球審
捕手の後方に立つ。
一塁塁審
ファウル地域の外に立つ。

無走者の場合の各審判員のポジション。基本的な立ち位置を示す。二塁塁審は二塁ベースの後方に位置する。一塁塁審、三塁塁審はファウルラインの外側に立つ。

走者がいる場合は塁審は塁に近づく

審判員は選手のプレイの邪魔をせず、あらゆる打球、送球に対応できる位置にいなければなりません。

無走者の場合では、一、三塁塁審は一、三塁ベースから5〜6メートル離れたファウル地域に、**二塁塁審は一・二塁間の延長線上7〜8メートル後方**に立ちます。球審は捕手の後方に立ちます。これが試合開始を待つ各審判員のポジションです。

走者がいる場合は、一、三塁塁審はそれぞれの塁に少し近づき、3〜4メートル離れたところで、投手方向を向いて構えます。**二塁塁審は内野内に入り、二塁ベースから3メートルくらい離れた一・二塁線、二・三塁線どちらかに寄った位置**をとります。球審の立つ位置は変わりません。各審判員はこれらの位置から、次の一球に集中します。

4人制審判の責任範囲

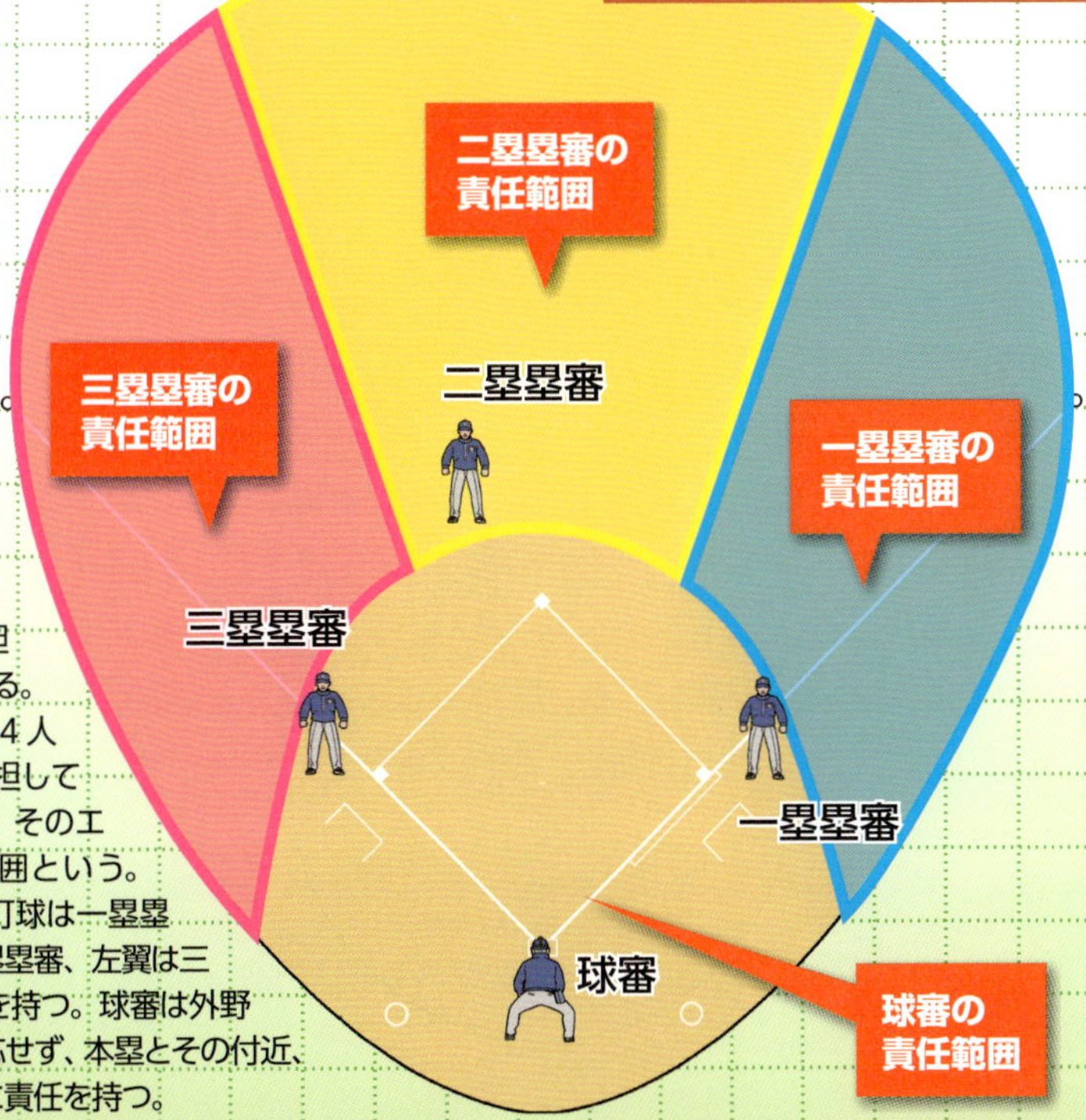
二塁塁審の
責任範囲
二塁塁審
三塁塁審の
責任範囲
一塁塁審の
責任範囲
三塁塁審
一塁塁審
球審
球審の
責任範囲

４つの塁を４人の審判員が担当して判定する。外野と内野を４人の審判員が分担して判定するので、そのエリアを責任範囲という。主に右翼への打球は一塁塁審、中堅は二塁塁審、左翼は三塁塁審が責任を持つ。球審は外野の打球には対応せず、本塁とその付近、内野内の判定に責任を持つ。

2人制審判の責任範囲

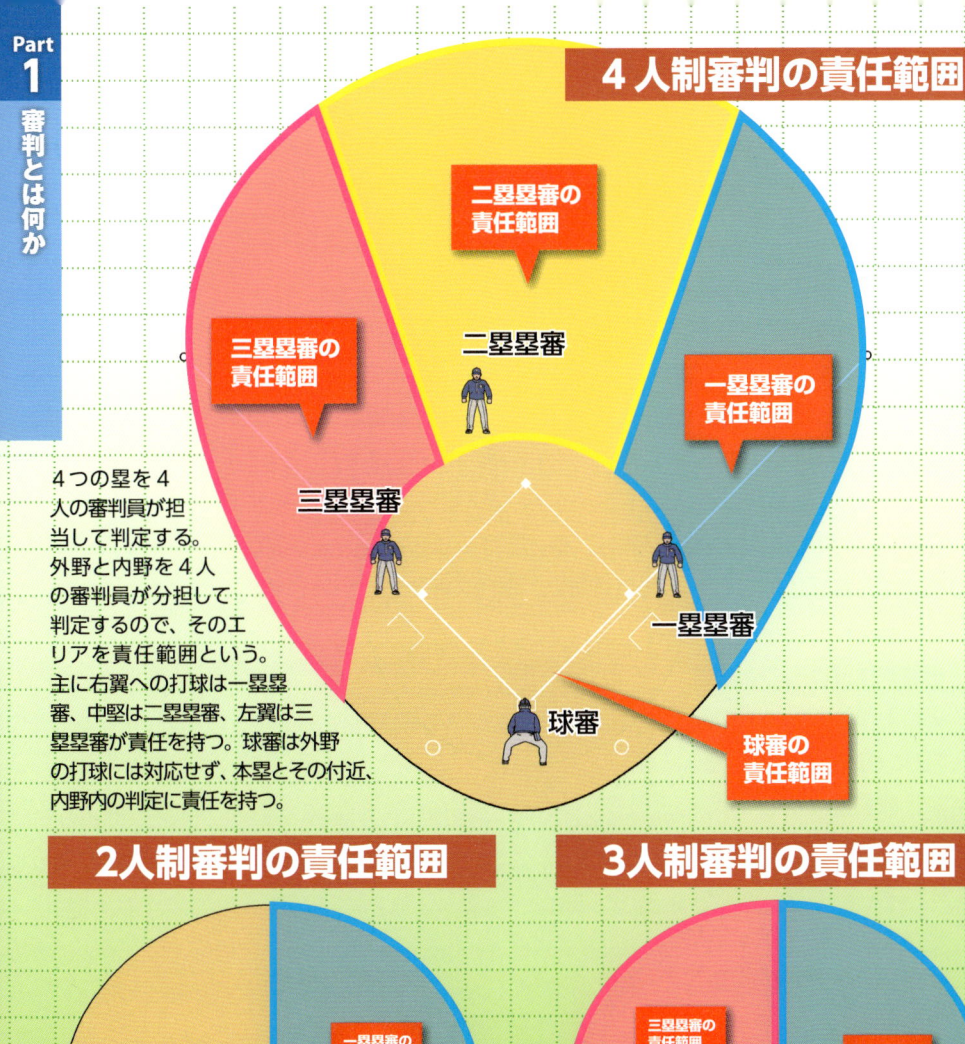

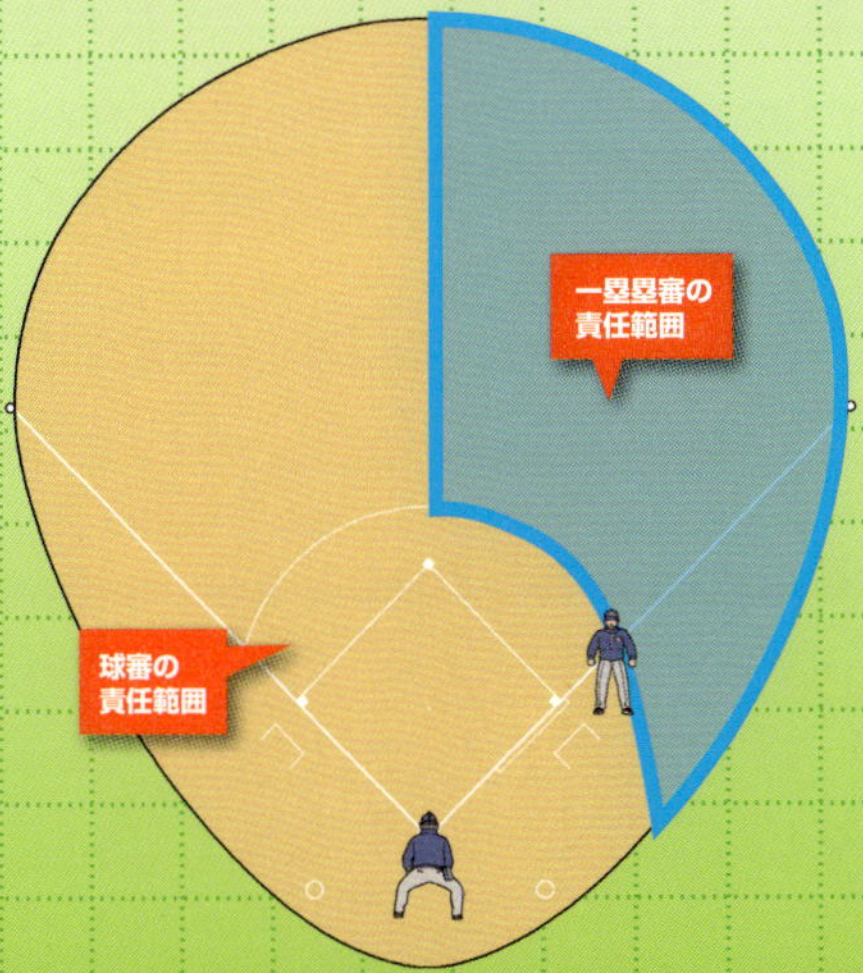
一塁塁審の
責任範囲
球審の
責任範囲

２人で試合の判定をする場合。センターより左の打球は、球審が捕球、フェア・ファウルをジャッジする。センターより右の打球は塁審が打球を追う場合は塁審がジャッジ、留まる場合は球審がジャッジする。

3人制審判の責任範囲

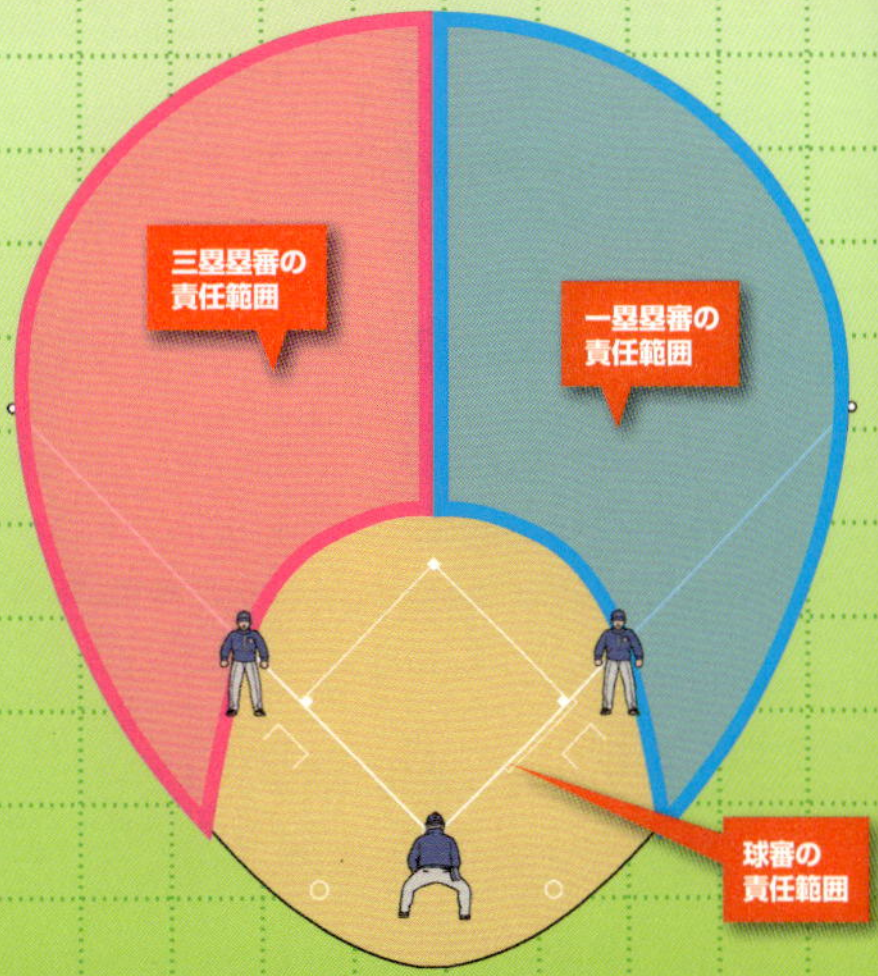
三塁塁審の
責任範囲
一塁塁審の
責任範囲
球審の
責任範囲

３人で試合の判定をする場合。一塁塁審はセンターからライト寄りの打球に責任を持つ。三塁塁審はセンターからレフト寄りの打球に責任を持つ。球審は外野への打球に対する責任を持たない。

大人～小学生まで、ルールの違いは？

小学４年生以下（低学年）の学童野球、小学５～６年生（高学年）の学童野球、中学生～社会人の一般の野球では、いくつかの違いがあります。

グラウンドの「区画」もその１つ。本塁から投手板までは、小学４年生以下が 14 メートル、５～６年生が 16 メートル、中学生以上が 18.44 m。内野の塁間も同様に、21 メートル、23 メートル、27.431 メートルで差があります。「ボールの規格」にも違いがあり、硬式では少年野球と大人が同じボールを使いますが、軟式では５種類の規格があり、年代ごとで使い分けます。

学童野球の投手は「変化球」を投げることが禁止されており、「球数制限」にも違いがあります。変化球を投げたら「ボール」が宣告されます。「球数制限」は地域、大会によって違いますが、１人１日、７回までが通常用いられるルールです。1 日 50 球と限定する場合もあります。

ルールには定められていませんが、子どもの体の安全を考えて、炎天下での試合などには配慮が必要です。各審判員は、選手の健康状態にも目を配るように心掛けてください。

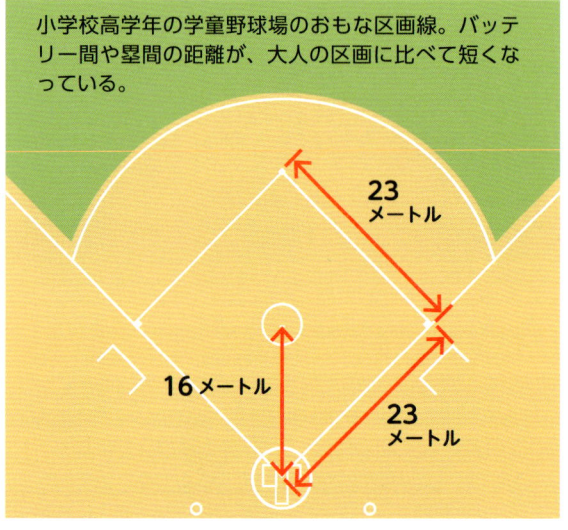

小学校高学年の学童野球場のおもな区画線。バッテリー間や塁間の距離が、大人の区画に比べて短くなっている。

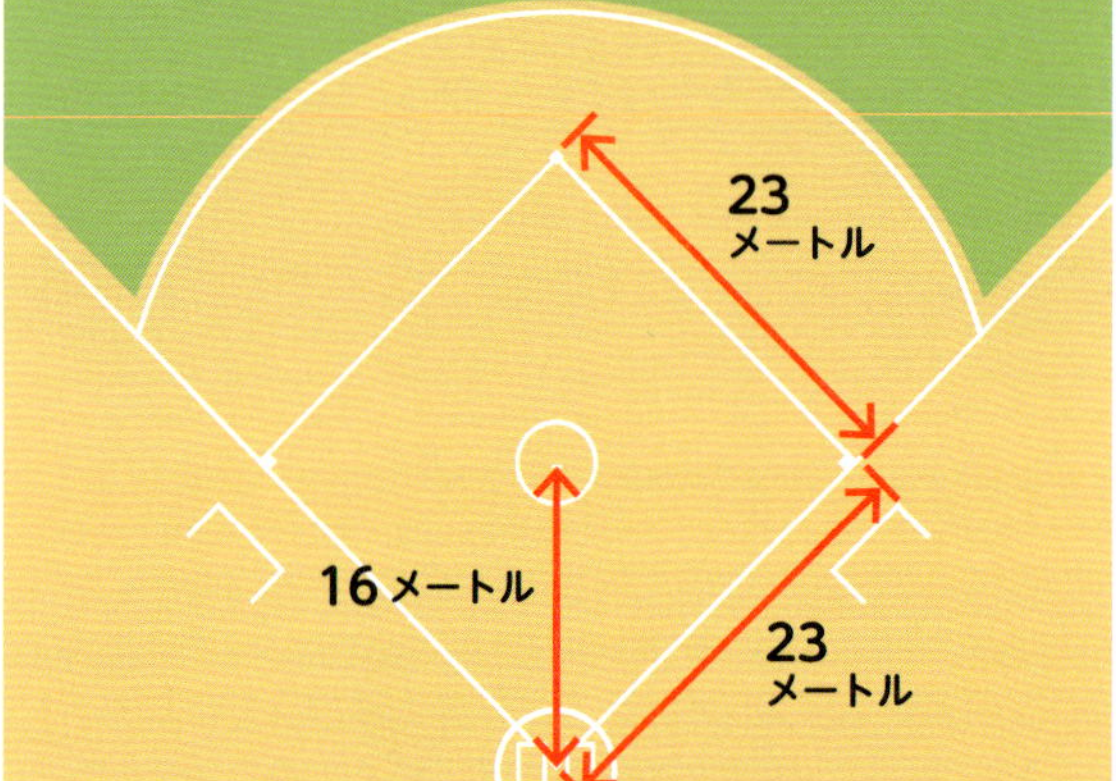

●軟式ボールの標準は次のとおりである。

種　目	種類	直径（ミリ）	重量（グラム）	反発（センチ）
一般	A号	71.5 ～ 72.5	134.2 ～ 137.8	85.0 ～ 105.0
少年部（中学生）	B号	69.5 ～ 70.5	133.2 ～ 136.8	80.0 ～ 100.0
学童部（小学生）	C号	67.5 ～ 68.5	126.2 ～ 129.8	65.0 ～ 85.0
学童低学年	D号	64.0 ～ 65.0	105.0 ～ 110.0	65.0 ～ 85.0
準硬式	H号	71.5 ～ 72.5	141.2 ～ 144.8	50.0 ～ 70.0

（反発は 150 センチの高さから大理石板に落として計る）

Part 2

試合の進行

試合前にやること①

攻守の決定と顔合わせ

DVD 02

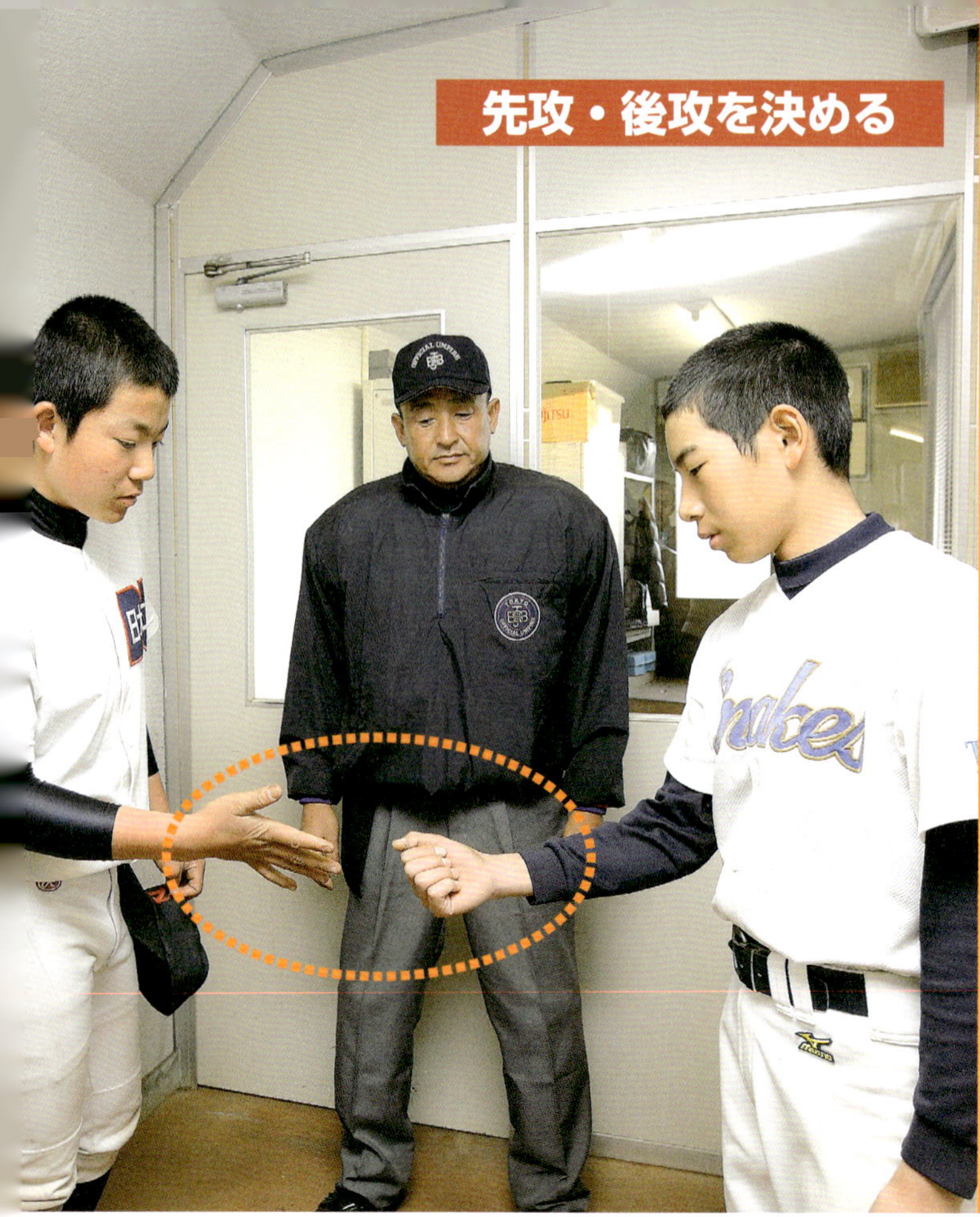

両チームのキャプテン同士がジャンケンをして、勝ったほうが先攻か後攻かを選択する。

1時間前には球場入りして グラウンド状態をチェック

選手が練習をするように、審判員も試合に向けて準備をします。**最低1時間前には球場に入り、グラウンド状態をチェックします。**整備状態はもちろん、芝生の状態や白線が、きちんと引かれているかも見ます。また、**主催者、地区ごとの特別ルールがある場合は細かいところまで主催者に聞いておきましょう。**

その日の試合を受け持つ球審、塁審を合わせて**クルー**といいます。初めて顔を合わす審判員がいる場合は入念に段取りを確認しましょう。

球審は試合前の攻守決めとメンバー表の交換に立ち会います。主に主催者控え室などで行われます。ここで**正規の試合球が準備されているかも確認しましょう。**両チームから提出された**メンバー表は球審を通してチームで交換します。**

メンバー表の交換

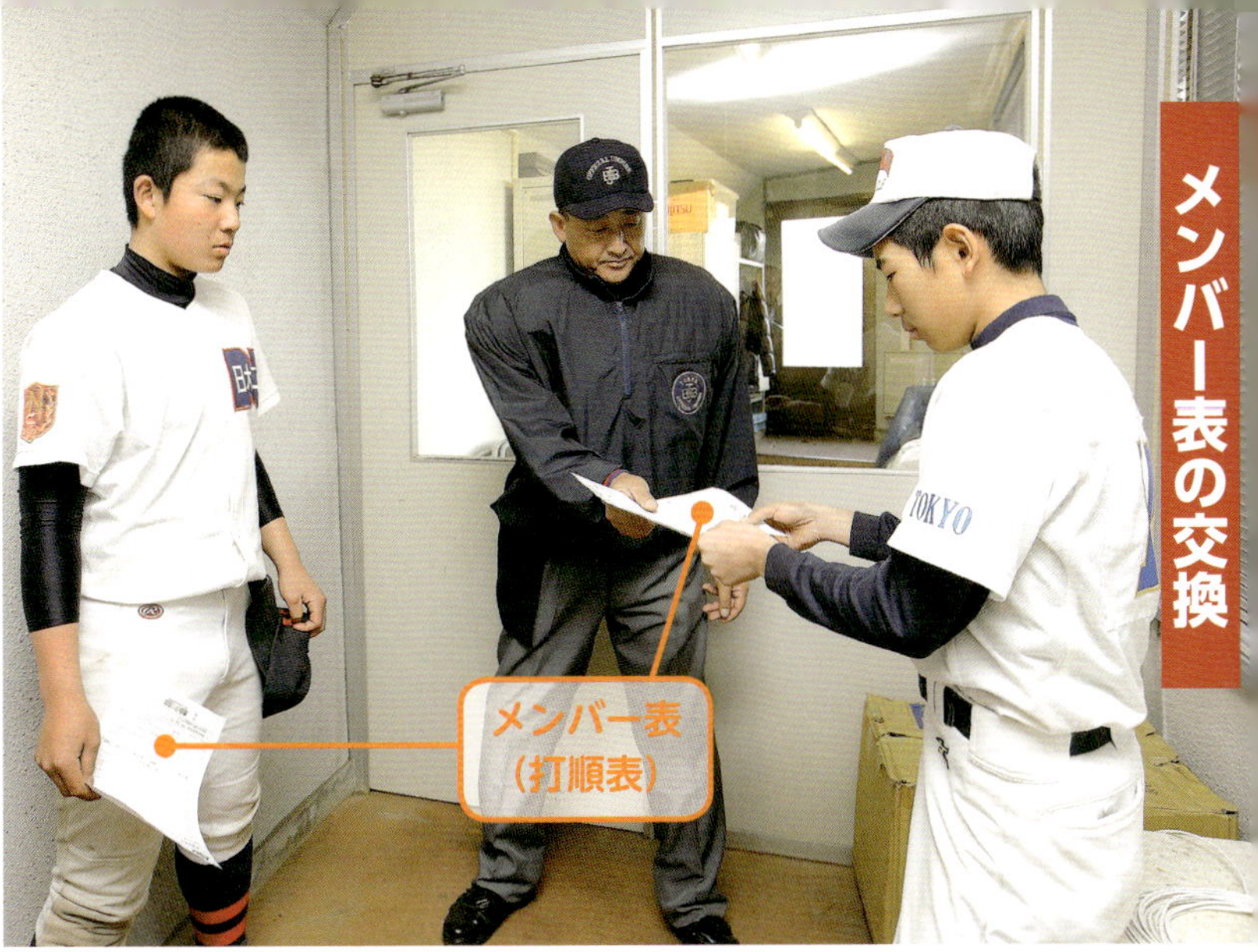

球審を通して、対戦相手チームのメンバー表（打順表）を交換する。この時点で、メンバー表に書かれた選手以外は、試合に出場できなくなる。

グランド状態の確認

河川敷や学校の校庭を使っていると、外野エリアやファウルゾーンが狭かったり、障害物があったりする場合もある。その場合は両チームに注意を促すこと。

ここだけは覚えよう

試合前に審判員の顔合わせ

審判員たち（クルー）の顔合わせでは、次のようなことを確認する。

❶各審判員が分担する判定エリア
❷フェアとファウルエリアの見極め
❸試合の主催者が決めたルール
❹球場独自の特別ルール

試合前にやること②

用具の確認からあいさつまで

DVD 02

審判員は、シートノック中に両チームのベンチへ行き、バットやヘルメットを確認。所属している団体の公認の用具かも確認する。

練習を始めさせ、あいさつまで導く

シートノック中に審判員は両チームのベンチへ行き、用具のチェックをします。違反したバットがあったり、プロテクター、レガーズが破損したりしていた場合は、試合で使わないよう注意します。

試合開始の前に、バックネット前に審判員が集まり、両チームにベンチ前に並ぶよう指示します。

両チームの選手が揃ったのを確認したら、誘導をするように、**「さあ、行こう！」、「集合！」と声をかけ、本塁ベースを挟んで両チームが向かい合うように整列させます。**

審判員たちは、センター方向を向いて整列します。主審（写真では球審）は**両チームの監督かキャプテンに握手**をするようにうながし、注意事項があれば伝えます。そして、全員で**「よろしくお願いします！」と**

声がけして整列

審判員たちの並び方は、左から一塁塁審、球審、二塁塁審、三塁塁審の順番で立つのが基本。

両チームが揃ったのを確認したら、声がけして、本塁付近へかけ足で移動。

両チームが握手

両チームが本塁ベースを挟んで向かい合って整列。列が曲がっていないかチェックし、両チームの監督またはキャプテンに握手をさせる。

注意事項を伝える

握手の後、「攻守交替はかけ足で」、「小まめな水分補給を」など注意事項を伝える。

元気よくあいさつ

球審が「双方、礼！」と声がけし、両チーム全員に「よろしくお願いします！」とあいさつさせる。

あいさつをします。

あいさつが終わったら、先攻側はベンチに戻り、守備側は各ポジションについて、準備投球をはじめます。

準備投球から開始まで

DVD 02

準備投球時に、投手の投げるボールを観察することで、ストライクゾーンの確認や変化球がどのへんに入りそうか、予測を立てることができる。

ラスト1球で「ワンモアピッチ」と伝える

球審は、準備投球の球数を投手と捕手に指示します。**通常は1分以内に8球投げられます。**この時、球審は**投手の投球の特徴をつかんでおきます。**

塁審は、外野エリアに練習ボールが落ちていないかを走りながら点検し、ポジションにつきます。

準備投球がラスト1球になったら、球審は人差し指を立てたまま突き上げ、**「ワンモアピッチ！」**と声をあげて、選手たちに教えます。

球場全体180度を見渡しながら、試合進行の妨げになるものがないか各塁審とアイコンタクトをとり、攻撃側が一塁、三塁コーチャーズボックスに入っているかも見ます。

次に打席に打者を迎え入れ、打者が構えるのを待ちます。**投手が投手板を踏んだ状態（オン・ザ・ラバー）**

開始直前

球審は捕手が二塁に送球したら、本塁ベースをハケで払い、マスクをつけて、球審の定位置に戻る。

ワンモアピッチ

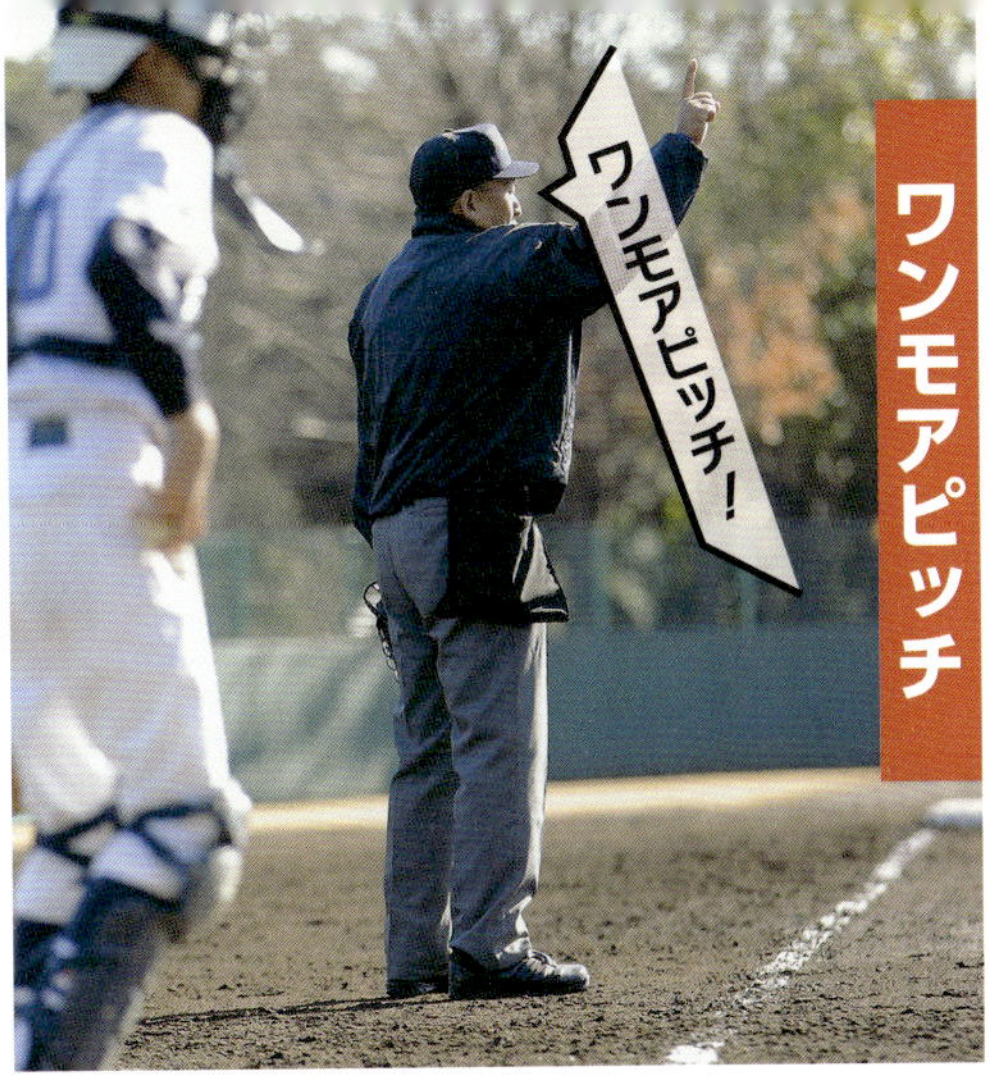

ラスト１球になったことを、全選手に伝えるため、球審は人差し指を立てたまま突き上げ、「ワンモアピッチ！」とコール。それを見た各塁審たちも、後に続いてコールする。

「プレイ」のジェスチャー

球審だけに許されるジェスチャー。試合開始の時、もしくは中断していた試合を再開させる時に宣告する。右腕を肩か、それより上へあげて、人差し指で投手を指差しながら、「プレイ！」とコールする。

に入ったら、球審は**右手で投手を指さし、「プレイ！」**とコールします。

正しい構え方とポジション（球審の構え方）

DVD 03

投手板に正対して、打者と捕手の間に立つ。体の中心付近を、右打者の場合は本塁ベースの左の外縁、左打者の場合は本塁ベースの右の外縁に合わせる。左手はベルトあたり、右手はひざの上部に置く。

スロットポジションとスロットスタンス

球審が「プレイ」を宣告すると、試合が始まり、プレイが自由にできる状態になります。これを**ボールインプレイ**といいます。

最も大切な姿勢が投手の投球を待つ姿勢（ゲットセット）です。この姿勢は、**スロットポジションとスロットスタンス**が基本になります。

スロットポジションとは**位置取り**のことです。投手板に正対し、打者と捕手の間（スロット）に立ちます。右打者の場合は、本塁ベースの左の外縁に体の中心付近がくるのが目安になります。

次に、スロットスタンスで**足の置き方**を決めます。**両足は肩幅以上に広げ、捕手の後ろ側の足のかかとのライン上に、球審の左足のつま先を置きます。**右足は一足分後ろに引いて、外側に開きます。

スロットスタンス

捕手の後ろの足のかかとのライン上に、球審の左足のつま先を置く。右足は一足分後ろに引いて、外側へ 45 度開く。上体はやや前に傾け、顔を地面と平行に向けます。

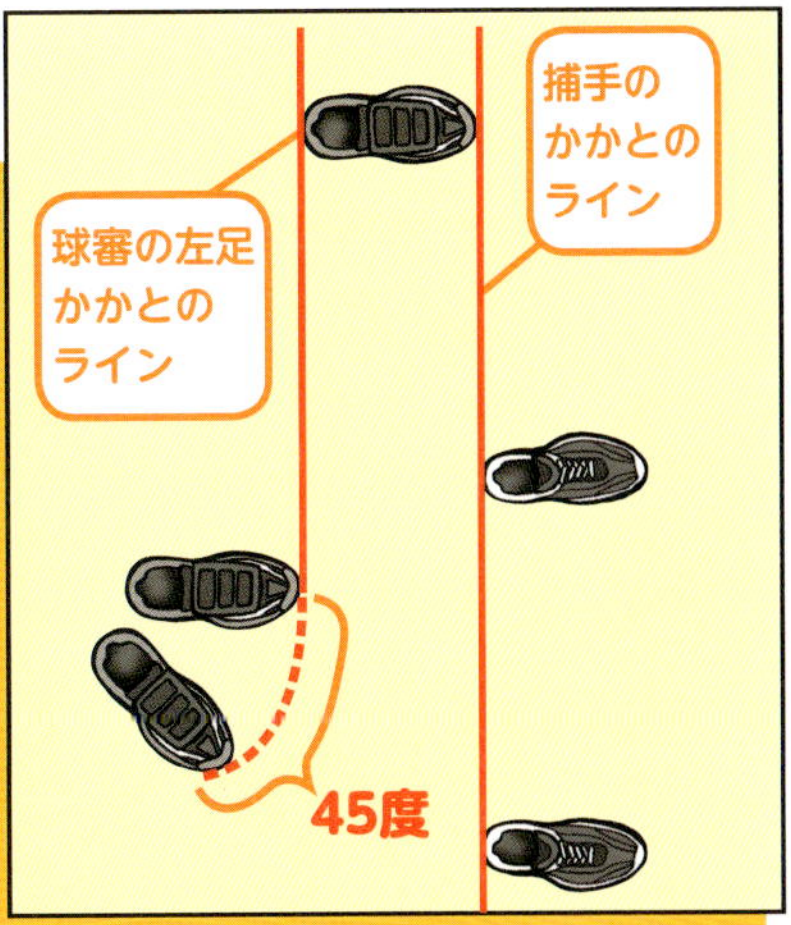

ここだけは覚えよう

球審と捕手の足の位置

捕手の後ろ側の足のかかとのライン上に、球審の左足のつま先を置くようにします。右足は一足分後ろに引いて、外側へ約 45 度開きます。両足は肩幅よりも広めに置き、両足に均等に体重がかけます。このページでは、右打者の場合の構え方を紹介していますが、左打者の場合は左右対称になります。

足の置き方が「捕手のかかと、球審のつま先、球審のかかと、球審のつま先」となるので、「ヒール（かかと）・トゥー（つま先）・ヒール・トゥー」とも呼ぶ。

正しい構え方とポジション（塁審の構え方）

DVD 03

セットポジション（一塁塁審の構え）

3～4 メートル

走者がいる時は一塁から３～４メートル後方に立つのが目安。

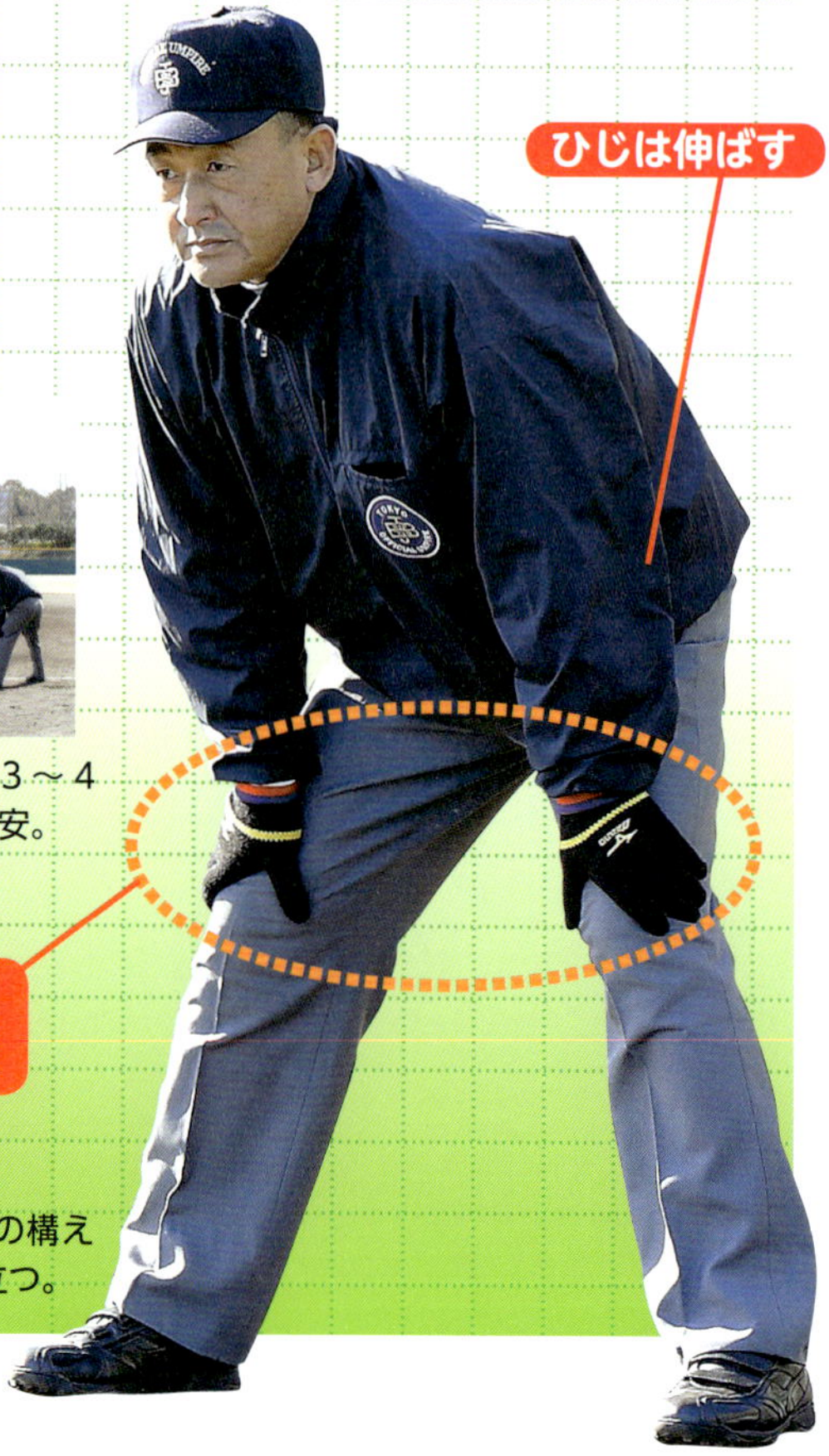
ひじは伸ばす
両ひざに軽く手を置く

走者がいる時は常にこの構えで、プレイに正対して立つ。

セットポジションとスタンディングポジション

塁審の構え方は、**セットポジションとスタンディングポジション**の2つです。

セットポジションは一塁でのフォースプレイ、盗塁等のプレイを近くで見極める時に用います。構え方は**ひざを軽く曲げて、両手をひざ、または太ももの上に置きます。ひじはまっすぐ伸ばし、目線をあげるため、頭は上げます。重心は前に置きます。**これは素早く動くためです。

スタンディングポジションは内野や外野への飛球の判定など、視野を広げてプレイを見るときに用います。構え方は**左足を半歩前に出し、ひざに余裕を持って立った姿勢です。**重心は前に置き、体の力を抜いてリラックスします。時間的にセットポジションへ移行できないプレイの時にも用います。

スタンディングポジション（一塁塁審の構え）

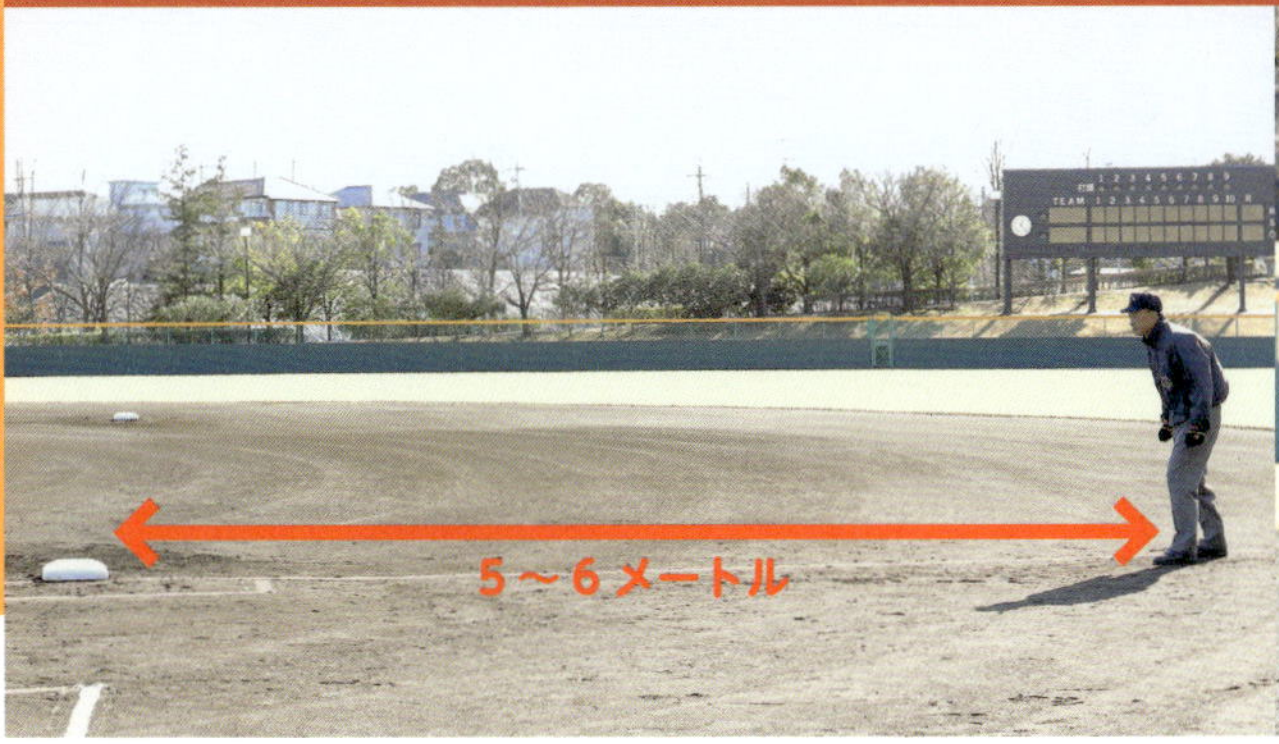

走者がいない場合、一塁より５～６メートル後方に立つのが目安。

左足を半歩前に出して、前かがみの姿勢になる。

二塁塁審の構え

無走者、走者三塁、内野手が前進守備の場合は一・二塁間を結んだ延長線上で、二塁ベースより７～８メートル後方の位置で構える。

走者がいる場合（走者三塁は除く）は、内野内に入り二塁ベース手前３メートルくらいの位置で構える。

三塁塁審の構え

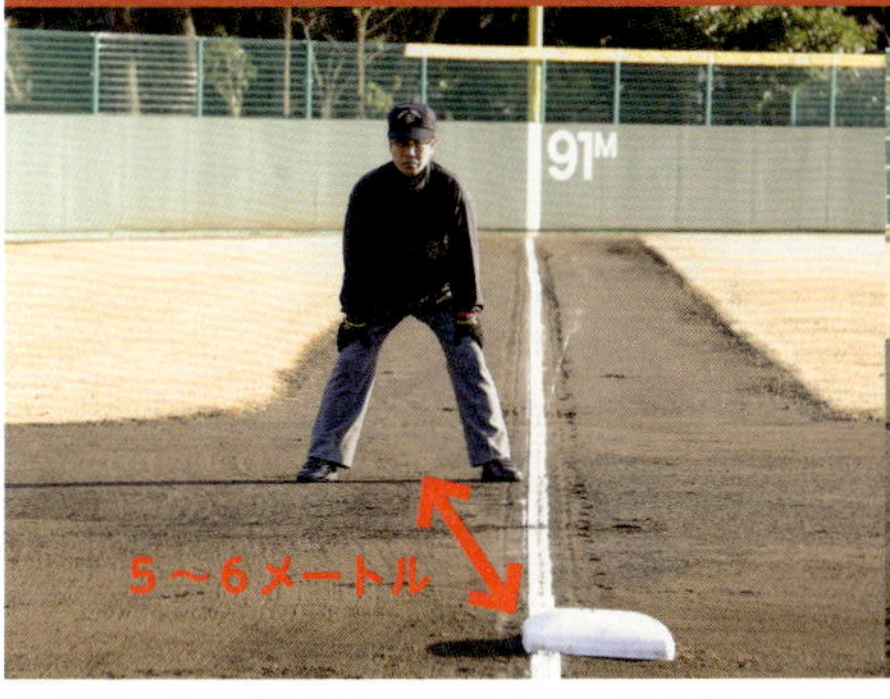

走者がいない場合は、三塁ベース後方５～６メートルを目安にファウル地域に立つ。

走者がいる場合は三塁ベース後方３～４メートルを目安に、投手に正対する。

審判の基本技術③

ストライクゾーンの見極め

DVD 04

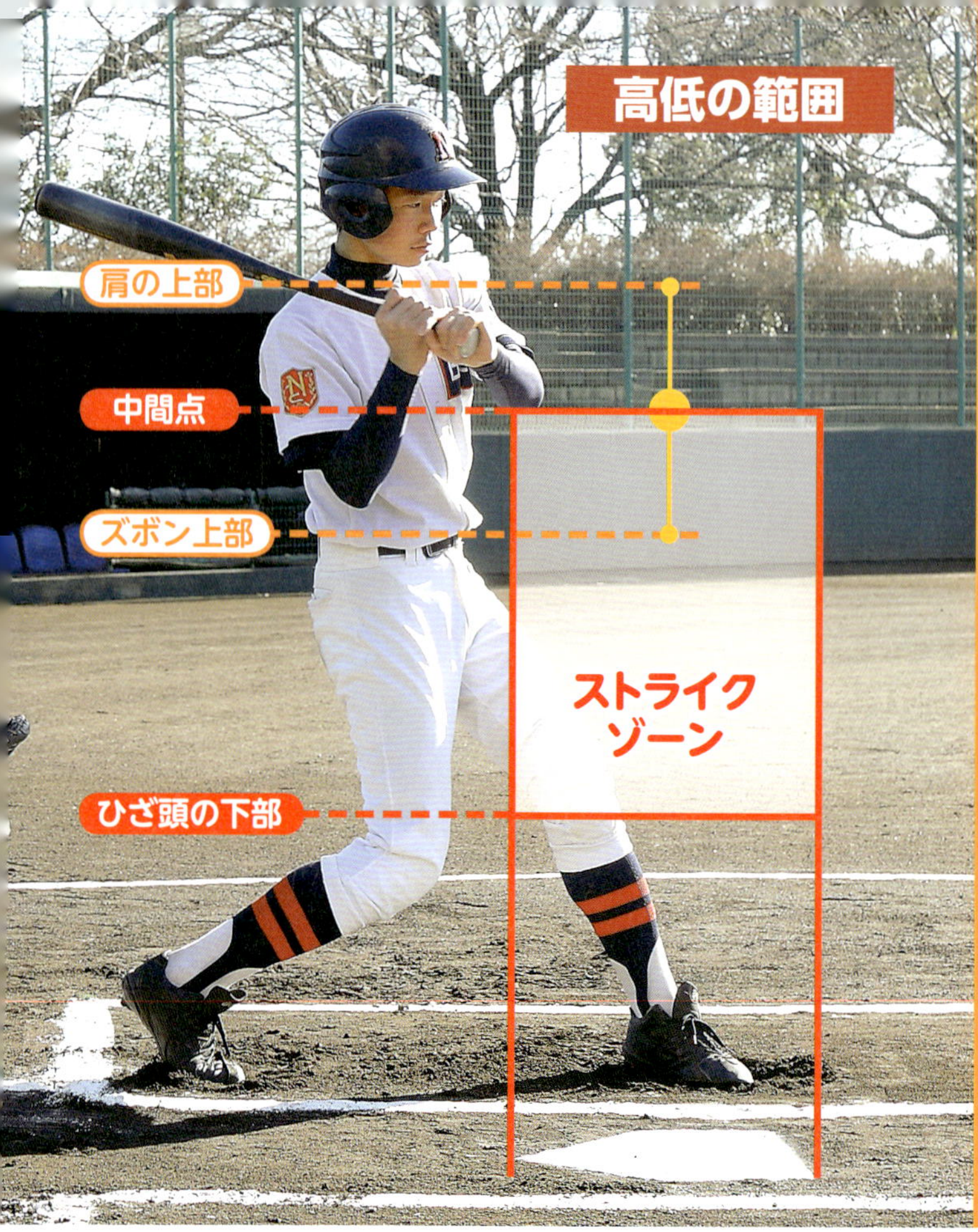

打者が構えた時は、まだストライクゾーンは決まっていない。打ちにいった時に、ストライクゾーンが決まる。

投球を打ちにいった姿勢でストライクゾーンを見る

ストライクにもいろいろな状態があります。投手が正規に投げたボールがストライクゾーンをノーバウンドで通過した場合、打者がスイングして（バントも含む）ボールがバットに当たらなかった場合、ノーストライクまたは1ストライクの時に打者がファウルした場合、バントをしたがファウルになった場合です。

これらの時に、**球審が「ストライク！」とコールして、初めてストライクが認められます（ファウルの時は「ファウルボール」とコール）。**

ストライクの範囲は決まっています。打者の肩の上部とユニフォームのズボンの上部との中間点に引いた水平のラインを上限とし、両足のひざ頭の下部のラインを下限とした本塁ベース上の空間をさします。

打者が構えた状態ではなく、まさ

にボールを打ちにいった姿勢の時に、ストライクゾーンを当てはめて、ジャッジします。

両サイドの範囲
ストライクゾーン
の位置はすべてストライク判定

本塁ベースの幅が、ストライクゾーンの左右の幅。球審は体を少しずらして、ボールが通る位置を確認する。

ここだけは覚えよう

打者が投球を打ちにいった姿勢で判定！

打者が構えてすぐにストライクゾーンを見てしまうと、打つ時に体が動いたり、姿勢がくずれたりして、判定が狂います。まさに投球を打ちにいった時の姿勢で判定しましょう。構えの小さな打者の場合も同じです。

ルールに学ぶ

Rule book

ストライク

他にもストライクが宣告される場合があります。以下の３つです。

1. 打者が打ちにいった（バント含む）が、ボールがバットに触れず、打者の体またはユニフォームに触れてしまった場合。
2. ストライクゾーンで、バウンドしないボールに打者が触れた場合。
3. ファウルチップになってしまった場合。

審判の目

本塁ベースや投球の軌道もよくわかる位置取りが大切。

ストライクの判定

DVD 04

背筋を伸ばし、右手で握りこぶしを作り、右ひじを肩くらいまであげて、大きな声でコールする。

右ひじを肩より上げて ドアをノックする要領

ゲットセット（➡P28）の姿勢からストライクと判断したら、球審は**右ひじを肩より上げて、「ストライク！」とコール**。右腕のひじの高さは肩より上。捕手のミットを見ながら動き出し、**ドアをノックするように腕を前に45度振りましょう**。実際には、その後にボールカウントをコールするので、例えば、**「ストライク1《ワン》！」**とコールします。三振の場合は**「ストライク3《スリー》！」**です。

捕手が投手に返球する間は、体をリラックスさせます。投手が投手板に足をかけて、投球動作に入ったら、球審はゲットセットに入ります。球審は「❶投手が投手板に足をかける（オン・ザ・ラバー）→❷投球動作に入る（イン・モーション）＝ゲットセットの姿勢→❸コール→❹リラックス」という流れで判定します。

判定の流れ

❶オン・ザ・ラバー
❷投球動作
❷ゲットセット
❸コール
ストライク1《ワン》!
❹リラックス

ストライク1《ワン》!
45度

コールとジェスチャーはタイミングを合わせて、同時に行う。

ここだけは覚えよう

捕球時の音を聞いた後に、ひと呼吸置く

急いでコールをして、間違った判断をしないために、ひと呼吸置くようにします。捕手が捕球した時の音を聞いて、ひと呼吸おいたくらいで、判定をコールします。

審判の基本技術⑤

ボールの判定

DVD 05

ゲットセットの姿勢のままで「ボール！」とコール。ストライクと同じタイミングでコールすることを心がける。

構えた姿勢を崩さずコールのみ

ストライクゾーンを通過しなかった投球や、地面に触れた投球を打者が打たなかった場合、ボールになります。球審はゲットセットの姿勢で、捕手のミットに収まった投球をボールと判断したら、その姿勢のまま「ボール！」とコールします。ジェスチャーはありません。

　コールは、ストライクの時と同じタイミングで行うことを心がけます。投球から判定を待つ間に一定のリズムがあり、そのリズムを崩さず、集中力を維持するためです。一瞬でもコールが遅れると、球審が迷っていると不審に思われてしまいます。

　打者が体の近くにきた投球をよけずに当たった場合は、投球がストライクゾーンなら「ストライク！」、そうでなければ「ボール！」とコールします。

前から見たボールの位置

ボールゾーン
ストライクゾーン
ボールゾーン
の位置はすべてボール判定

捕手の構えたコース、高さにボールがくるとは限らないので、予測をしない。投球そのものに集中し、捕手のミットに収まってから判定する。

横から見たボールの位置

ボールゾーン
ストライクゾーン
ボールゾーン
の位置はすべてボール判定

ストライクゾーンにかからなかったり、通過しない投球はすべて「ボール」になる。小さく構えている打者や、スタンスの狭い打者は打ちにいく時に姿勢が大きく変わるので注意する。

審判の基本技術⑥

フェアとファウルボールの判定①

DVD 06

フェアとファウルボールの各地域

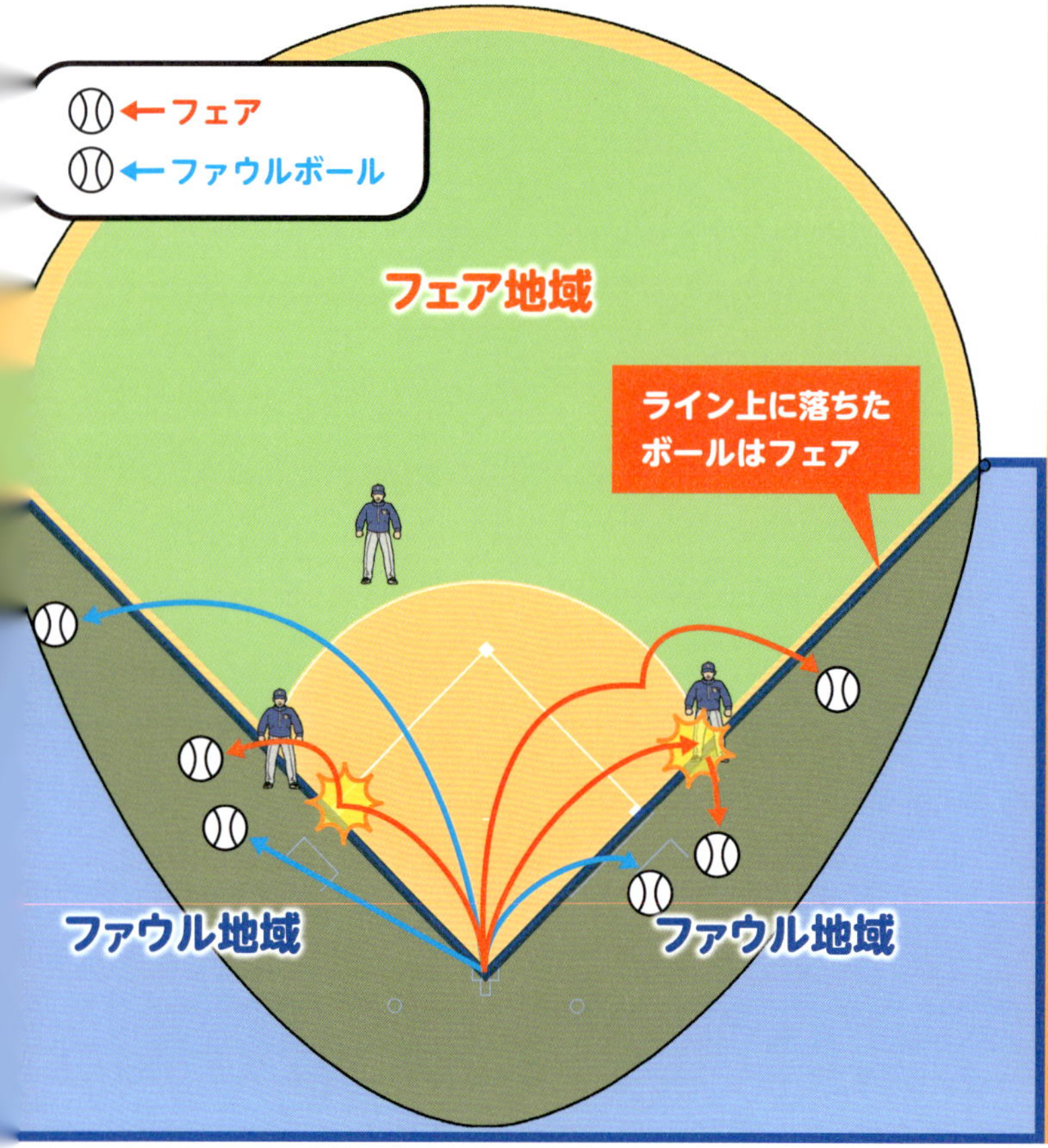
←フェア
←ファウルボール
フェア地域
ライン上に落ちたボールはフェア
ファウル地域
ファウル地域

試合前に、ラインが真っ直ぐ引かれているか、外野にはポールがあるかなどを確認する。球場の特徴をつかみ、実際のジャッジをイメージしておく。

ファウルラインの内と外を見極める

一塁線と三塁線のファウルラインの内側がフェア地域、外側がファウル地域と決められています。

フェアは、フェア地域に落ちた、またはフェア地域にいる選手や審判員に触れてファウル地域に転がったボールなどをいいます。一度塁に触れたボールは、その後どこへ転がってもフェアです。

ファウルボールはファウル地域に落ちた、もしくはファウル地域で野手が打球に触れたボールなどをいいます。直接、投手板に当たったボールが一・本塁間、三・本塁間のファウル地域で止まっても、ファウルボールです。

球審は一塁、三塁ベース手前までの打球をジャッジします。塁審はベースよりも後方のライン際に飛んだ打球をジャッジします。

一塁側での球審のジャッジ

マスクを持った左手でフェア地域を指す。コールはない。一塁ライン際の打球はファウルラインをまたいでジャッジを行う。

両手を上げて「ファウルボール！」とコール。マスクをはずしてコールすることが望ましい。

三塁側での球審のジャッジ

マスクを持たない右手人差し指でフェア地域を指す。フェアかファウルボールか際どい場合はジェスチャーを大きくする。

一塁側のジャッジと同じく、三塁ライン際の打球はファウルラインをまたいでジャッジを行う。

フェアとファウルボールの判定②

DVD 06

一塁塁審のジャッジ

右手人差し指でフェア地域を指す。ノーボイス。

両手を広げて「ファウルボール！」とコールする

外野へ体を振り向けて、左手人差し指でフェア地域を指差す。ノーボイス。

外野へ体を振り向けて、「ファウルボール！」とコールする。

外野に飛んだ打球は必ず止まってジャッジ

一塁、三塁ベースより後方に飛んだ打球は一塁、三塁塁審がジャッジとコールをします。

打者、走者の有無によって一塁手、三塁手の守備位置も変わります。ベースと野手の位置関係を頭に入れておくようにします。また、ライン際の打球に当たらないように注意しましょう。

外野に打球が飛んだ場合は必ず止まって、ジャッジします。ボールが地面に落ちた地点、またはフェンスに当たった地点をしっかりと見極めます。

打球がファウルボールだった場合でも、走者が気づかずに塁を回ってしまうことがあります。その時は、審判員全員で教えるようにしましょう。試合のスピードアップにつながります。

三塁塁審のジャッジ

内野側

左手人差し指でフェア地域を指す。ノーボイス。

両手を広げて「ファウルボール！」とコールする。

外野側

外野へ体を振り向けて、右手人差し指でフェア地域を指差す。ノーボイス。

外野へ体を振り向けて、「ファウルボール！」とコールする。

困った時の Q&A ファウルライン

Q：一塁、三塁塁審はラインをまたぐのでしょうか、またがないのでしょうか？

A：今はファウル地域に立って、ラインをまたがないでジャッジすることが多くなっています。打球に当たらないようにするためと、もう 1 つ、もし当たってしまった場合、その打球をファウルボールと認識しやすくするためです。またいで構えていた時に打球が当たってしまったら、当たった足がフェア地域にあったのか、など、難しい判定になってしまうからです。

審判の基本技術⑧

セーフとアウトの判定

DVD 07

セーフのジェスチャー

広げた両腕は地面と平行に。

セーフとジャッジしたらすぐさまコールする。タッチプレイやフォースプレイがなく、走者がホームインした場合はコールしない。

球審も塁審も同じジェスチャーをする

試合の中でのセーフとアウトの例をあげます。

打球が内野に転がり、**野手が捕って一塁へ投げ、打者走者が送球より早く一塁ベースを踏めば「セーフ」、送球より遅ければ「アウト」になります。同時の時は「セーフ」です。**

ボールの入った野手のグラブが、走者がベースに着く前に、体の一部をタッチすれば「アウト」、走者が早くベースをタッチすれば「セーフ」です。走者の触塁《しょくるい》と野手のタッチが同時だった場合は、「セーフ」になります。

セーフのジェスチャーは両腕を地面と平行にして、左右に開きます。アウトのジェスチャーは、足は肩幅以上に開き、右手でこぶしを作って上げます。こぶしは肩より上が正しい位置です。

アウトのジェスチャー

アウト！

アウト！

捕手の捕球、タッチをしっかり確認してからコールする。

右手のひじから先が地面と垂直になるように曲げて、こぶしを上げて「アウト！」「ヒーズアウト！」とコール。

塁審のアウト

アウト！

アウトのコールはセーフのタイミングより多少遅くなってもかまわない。

塁審のセーフ

セーフ！

ジェスチャー、コールともに球審と同様に行う。

ボールカウントの表示

ボールカウントのジェスチャー

DVD 08

左手のボール数からコールする。ファウルボールやハーフスイングのジャッジの後などは、仕切りなおす意味でカウントをコールすることがある。

ボール、ストライクの順番でカウントする

野球はボール、ストライク、アウトの数で試合が進行していきます。球場に表示板がない場合は審判員が責任を持って数えます。球審も塁審も、インジケータ（→P15）を使います。

2011年から、以前とは逆に**ボール、ストライクの順にカウントを表す**ようになりました。

球審のコールの仕方は、**目線の高さまで腕を上げ、左手でボール、右手でストライク**の数を示します。

2《ツー》ボール2《ツー》ストライクからは必ずカウントをコールします。選手やベンチはもちろん、審判員同士でも確認することができ、次のプレイに集中できるからです。

もし試合中に分からなくなってしまったら、球場にいる記録員や審判員同士で確認します。

選手や塁審に伝える

一塁側へ
伝える。
三塁側へ
伝える。

困った時のQ&A

ボール

Q：どうしてボールのコールが先になったのですか？

A：2011 年から国際基準に合わせて、日本でもボールから先にカウントされるようになりました。これまで、1-2 といえば「1《ワン》ストライク 2《ツー》ボール」。ボールが先にコールされるようになると「2《ツー》ボール 1《ワン》ストライク」となるわけです。諸外国ではボールを先にコールする習慣が定着しつつあります。国際試合が多くなる時代の流れに合わせて、日本でも変更されました。

試合中は「お知らせ係」という意識を持つ。各審判員はカウントを間違えたり、忘れてしまったりしないよう、お互い確認できるサインを決めておくとよい。

インジケータ

試合前にはローラーがしっかり回るか確認する。球審はマスクを外す時にインジケータを左手の小指と薬指で握るように持つ。

ボールインプレイとボールデッドの違い

ボールデッドの状態
1
バッターボックス内の自打球はファウルボールになる。
2
球審は、「ファウルボール！」とコールして、試合を一時中断させる。

DVD 09

「タイム」をかけた時やバッターボックス内での自打球の時はボールデッドの状態になる。

試合進行中と試合停止の意味

ボールインプレイは試合進行中という意味。それに対して、球審が「タイム！」をかけるとボールデッドといって、試合が停止した状態になります。

ジェスチャーは両手をあげます。この時、原則として走者はアウトにならず、進塁はできません。

自動的にボールデッドになる場合もあります。例えばファウルボール、デッドボール、ボーク、守備・走塁・打撃妨害など、プレイを続けることが不可能になった場合です。この状態から、**球審の「プレイ」のコールがあって、初めて試合が再開されるのです**。ただし、ファウルボールが捕球されなかった場合は、走者が元の塁に戻ってタッチ（リタッチ）する必要があるので、球審はリタッチを確認してから、コールをします。

1

この場合はファウルボールを足に当てた打者の様子を見る。

試合再開でボールインプレイの状態

打者が安全な状態で打席に戻るのを確認。グラウンド全体を見渡し、問題なければ「プレイ！」のコールで試合再開。

2

走者のリタッチを見る

ファウルボールが捕球されなかった場合は走者のリタッチを確認する。塁審だけでなく、球審も行う。

タイムのとり方

DVD 10

両手を広げて上げ「タイム！」とコール。選手にプレイをいったん止めてもらうため、大きなコールとジェスチャーで行う。塁審も同様に行う。

誰でもタイムをとることができる

タイムはボールが動いていないときに、**選手、監督、コーチ**の誰でもかけることができます。

ただし、**球審もしくは塁審がそれを認め、「タイム！」とコールしない限り、試合は止まりません。球審は両手を広げて上げ、「タイム！」とコール**します。

悪天候や照明設備の故障、他球場からボールが飛んできた、などの理由から試合を続けることができないと判断した時は、審判員が自らタイムをかけなければなりません。さらに、選手、審判員が負傷した場合も同様です。

一方で、タイムがかかってマウンド上に選手が集まり時間がかかる時は、スピードアップを促すため、声がけする場合もあります。すべての最終判断は球審が行います。

球審はベンチの様子やかかる声にも気を配っておく。塁審が先に気づいた場合は球審に知らせる。

監督からのタイム
タイム
お願いします

捕手がボールチェンジを要求してきたら、タイムをかける。この間、走者は進塁できない。

選手からのタイム
タイム！
タイム
お願いします

ルールに学ぶ

Rule book

ボールが動いている時間は短い

この本には球審がボールデッドのジェスチャーをしたり、タイムのコールをしたりする場面が多く出てきます。野球は、他の球技と比べて、試合時間に対して実際にボールが動いている時間が極端に短いスポーツといえます。プロ野球の試合が３時間とすると、ボールインプレイの時間は 20 分くらいといわれています。選手が一生懸命にプレイするのはもちろん、審判員も集中したジャッジが求められます。

選手交代時の対応

DVD 11

タイムをかける
タイム！
タイム お願いします

ピッチャーを15番鈴木に交代します
交代選手を聞く

プロ野球では監督が交代選手を指差すなど簡略化されることもあるが、アマチュア野球は監督がグラウンドに出て、球審に直接伝える。

メンバー表を見て選手名と背番号を確認

選手交代には、投手、打者、走者、守備の交代があります。

ボールデッドの状態のときに、チームの監督がタイムを要求します。球審がそれを受けてタイムをかけてから、監督から交代選手を聞きます。**メンバー表を確認しながら、選手名と背番号を聞き取ります。**

交代した選手は、そのまま前の選手の打順も引き継ぐので、その確認も必要です。球場にいる記録員のところにも伝えにいきます。場内アナウンスで選手交代が紹介されない球場ならば、**相手チームの監督にも伝えにいきます。**

打者の場合、代打の代打は認められています。投手の場合は**必ず1人目の打者と対戦を終えるか、3アウトをとらないと（けん制球などで）、次の交代は認められません。**

メンバー表で確認
記録員に伝える
ピッチャーが15番鈴木選手に代わります
試合再開
プレイ!

困った時の Q&A

選手交代

Q: 選手交代ができる回数に決まりはあるのですか？

A: 野球規則では、交代できる回数に特に規定は設けていません。ただし、球審は迅速に選手交代をしなければなりません。

Q: 打者の場合も、前の打者の打撃が終わらないと交代できないのですか？

A: 打撃の途中で、別の打者に交代することは可能です。その時は、前の打者のボールカウントを引き継いで、打席に立ちます。

試合後にやること①

試合終了からあいさつまで

最後の打者がアウト

DVD 12

振り逃げもあるので注意する。特にサヨナラゲームは、走者が本塁を踏む前にベンチから選手が出てきてしまったりするので、得点をしっかり確認する。

最後にもう一度整列してあいさつ

得点で負けているチームの最後の打者がアウトになると、両チームの選手全員が、**もう一度本塁ベースを挟んで並び、両チームがあいさつ**を行います。ここで**球審が右手を上げ「ゲーム！」とコールし、試合終了となります。**両チームを最後までコントロールする意識を審判が持ち続け、試合を無事締めくくれるように、整列を指示してください。

両チームのキャプテンに握手をさせて、最後に両チーム全員に「ありがとうございました！」とあいさつをさせます。

サヨナラゲームなどの時は選手たちがなかなか集まらない場合もありますが、なるべく速やかに並んでもらうようにします。**球審の「プレイ！」で試合が始まり、「ゲーム！」で試合は終わるのです。**

握手する

球審は両チームの整列を確認したら、両チームのキャプテンまたは監督に握手を促す。

両チーム整列

球審は両チームの選手が整列しやすいように、いち早く本塁後方の位置に着き、「集合！」と声をかけます。各塁審も所定の位置に並びます。

終了のコール

キャプテンが元の位置に戻ったら、右手を上げ「ゲーム！（試合終了）」とコール。あえて得点や勝ち負けは伝えません。

最後のあいさつ

両チーム全員で最後のあいさつをする。この後に選手同士が握手をしたり、観客席や相手チームベンチに再びあいさつにいったりする場合もあるので、混乱のないよう、見届ける。

試合後にやること②
審判員同士の反省会

試合で難しく感じたジャッジを挙げ、審判員同士でアドバイスを求めるのも必要。素朴な疑問も恥ずかしがらず発言し、審判員は各自のレベルアップに努める。

困った時のQ&A　審判ノート

Q：どうして審判ノートをつけるのですか？

A：その日のうちにノートに記すことで、ジャッジした場面をより鮮明に記憶しておくことができるからです。気づいた点や問題点、反省点も記しておくと、次の試合で審判員をやるときの参考になります。自分だけのノートを作って、試合前に何度も読み返してみるとよいでしょう。

意見交換が今後のレベルアップに

試合後は、使用した道具類の手入れが大切です。

マスクやプロテクター、レガーズなどの手入れや点検、土やほこりで汚れた審判服やスパイクなどはブラシをかけて、その日のうちに汚れを落としておきましょう。

また、**審判技術の向上のため、控室で審判クルーと反省会をするとよいでしょう。**素直な意見交換が今後のレベルアップにつながります。また、クルー同士や個人で「審判ノート」をつけることも役立ちます。気づいたことを書き出すことで、次の課題や反省点が明確になります。

Part 3

バッテリーに対するジャッジ

投球動作①

ワインドアップの投球動作

DVD 13

ワインドアップポジションの動き
LOOK
軸足が投手板に触れているか確認。
1
2
3

1 投手板に両足を乗せて、捕手とサインを確認。

2 両腕を振りかぶり、左足（軸足でないほうの足）を後ろに引く。

3 両腕を下ろしながら、右足（軸足）をひねって投手板の前縁にかける。

無走者の場面で大きく振りかぶる投球

投球姿勢には**ワインドアップポジション**と、**セットポジション**の2つがあります。

ワインドアップポジションは、主に走者がいない場面で用いる投球動作です（両腕を振りかぶらないノーワインドアップも含まれます）。

投手は打者に正対して立ち、**軸足《じくあし》（右投手なら右足、左投手なら左足）は全部投手板の上に置くか、前縁《ぜんえん》に完全に触れるように置きます。**

軸足でない方の足（右投手なら左足、左投手なら右足）は投手板の上か、投手板の前縁《ぜんえん》の延長線より前以外のところに置きます。

この姿勢から打者への投球動作をした場合、**途中で止めたり、変更したりしてはいけません。**違反すればボークとなり、無走者の場面ではボールのカウントが1つ増えます。

4 左足を上げて、まっすぐ立つ。

5 本塁方向へ左足を向けて、大きく踏み出す。

6 投球する。

ワインドアップの足の位置

1 軸足となる右足は必ず投手板に触れる。

2 左足は投手板の上か、板の後方に置くとよい。

3 ひねった右足は投手板内におさめて置く。

4 ボールが手から離れるまで、右足は投手板につける。

投球動作②

セットポジションの投球動作

DVD 14

セットポジションの動き

LOOK
いったん完全に静止しているか確認。
LOOK
軸足が投手板に触れているか確認。
1
2

1 体の前方でグラブを構え、いったん完全に静止する。

2 左足（軸足でないほうの足）を上げて、投球動作をスタート。

両手で体の前方でボールを保持する

最近では、走者がいない場面でもセットポジションから投げる投手が増えました。

投手は、打者に体の側面を見せるようにして立ちます。**軸足《じくあし》は、投手板の側方からはみ出さないように、全部投手板に置くか、投手板の前縁《ぜんえん》にピッタリと離れないようにつけて置きます。**そして、軸足でない方の足を投手板の前方に置きます。

ここから**ボールを両手で体の前方で保持し、完全に動作を静止することで、セットポジションをとったとみなされます。走者がいない時も同様です。**

ここからの注意事項はワインドアップの時と同じです。軸足、そうでない方の足のルールに関してはアマチュア野球の方が、プロ野球よりも厳密に義務付けられています。

3

左足を本塁方向へ大きく踏み出す。

LOOK
右足は最後まで投手板につける。
4

投球する。

セットポジションの足の位置

1 右足（軸足）は投手板の上か、前縁につけて、左足は投手板の前に置く。

2 ボールが手から離れるまで、右足は投手板につける。

投球動作③

ボークの判定①

DVD 15

二段モーション

上げた足を止めたり、上げ直したりしたらボークになる。

腕を何度も振る

投球動作の途中で、腕を何度も振るなど、余計な動作をしたらボーク。

意図的にだまそうとする反則行為

ボークは、打者や走者を意図的にだますような反則行為をいいます。投手は打者への**投球動作を起こしたら、中途で止めたり、変更したりできません**(①二段モーション)。また、投球動作中に**手足をぶらぶらさせて投げて**もいけません(②)。セットポジションで静止した時に、**首から下を動かして**もボークです(③)。

他にも、公認野球規則では、塁に走者がいる場合の投手のボークを細かく定めています。**投手板に触れている投手が、**投球動作を始めたのに**投球を中止する**(④)。**一塁に送球するまねだけをして、実際に送球しなかった**(⑤)。塁に送球する前に、**足を直接その塁の方向に踏み出さなかった**(⑥➡P62)。**走者のいない塁への送球や送球のまね**(⑦)をした場合はすべてボークです。

投球を中止する

投球動作を始めたら、途中で中止したり、変更したりしてもボークになる。

両肩をひねる

セットポジションで体の前方にボールがある時に、首から下を動かすとボーク。

走者のいない塁へ投げる

投手板から足を外したとしても、走者のいない塁への送球はボークとなる。

一塁への偽投

投手板に足を触れている投手による一塁への偽投はボークとなる。

ボークの判定②

クイックピッチ

打席で打者の準備が出来ていないのに、投球した場合はボーク。

足を踏み出さない

けん制球の時に、けん制方向へ足を踏み出さないとボークになる。

投手板に触れない

足を投手板に触れないまま、投球するとボークになる。

打者に正対しない

打者の方に向かずに投球してしまうとボークになる。

DVD 15

不必要に試合の時間を遅らせない

打者が打席で十分な構えをしていない時に投球をした場合、これは**クイックピッチ**といって反則投球です(⑧)。打者には危険な行為になるので厳しくとります。

ほかにも投手が**打者に正対しないうちに投げた**(⑨)。投手が**投球板に触れないで、投球動作をした**(⑩)。投手が不必要に**試合を遅延させた**(⑪)。投手が**ボールを持たないで、投手板に立つか、投手板を離れて投球するまねをした**(⑫)。

さらに投手が正規の投球姿勢から、投球するか、塁に送球する場合を除いて、**ボールから一方の手を離した**(⑬)。投手板に触れている投手が、**ボールを落とした**(⑭)。投手がセットポジションの時に、**完全静止しないで投げた**(⑮)場合もすべてボークです。

遅延行為

捕手が投手に返球してから、12 秒を明らかに過ぎても投球しない場合は「ボール」になる。

ボールなしで投手板に立つ

ボールを持たないで、投手板に立つか、またいで投球動作のようなことをするとボークになる。

ボールから手を離す

打者への投球や塁への送球以外で、ボールから手を離したらボーク。

ボールを落とす

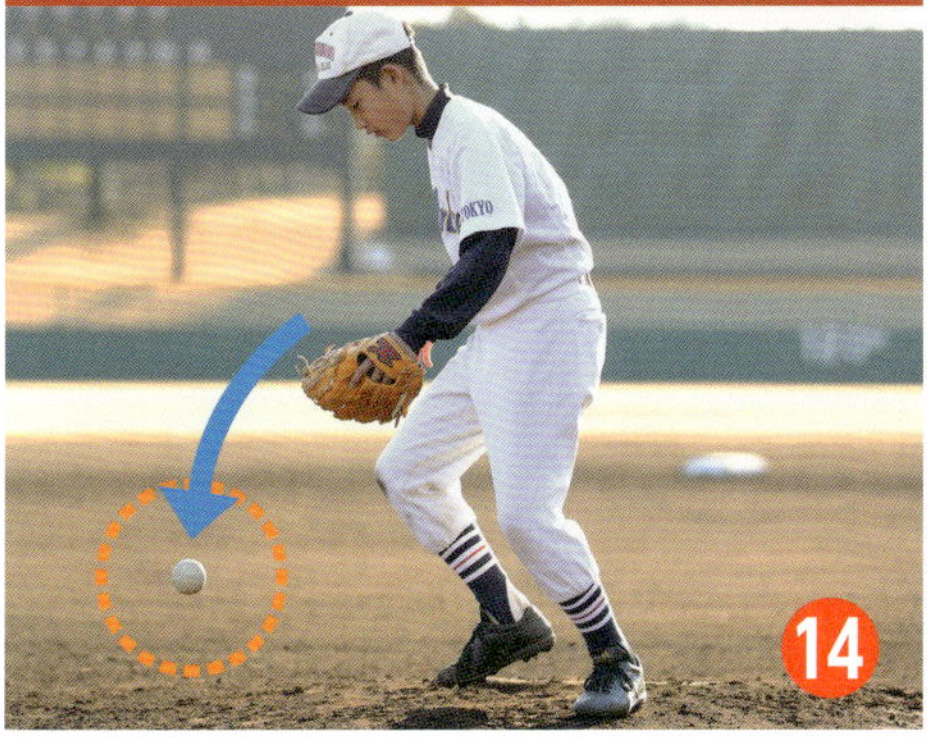

故意のあるなしに関わらず、投手板に足をつけた投手がボールを落としたらボーク。

完全静止しないで投球する

セットポジションで、体の前方でボールを完全に静止しないまま投球するとボークになる。

キャッチャーボーク

捕手に対するボークは 1 つだけ。故《こ》意《い》四《し》球《きゅう》（敬遠《けいえん》）の場面で、投手がキャッチャーズボックスの外に出ている捕手に投球した場合はボークになる。記録上は、投手のボークとして扱われる。

ボークの判定③

DVD 15

ボークのジェスチャー
ザッツボーク！
ACTION
右手で投手を指さして宣告する。
1

塁審はボークと気づいたら、投手を指さし「ザッツボーク！」とコールする。自分のジャッジを信じて大きな声でコールすることが望ましい。

プレイが続く時はその結果が優先される

審判員は、ボークと気づいたら、**「ザッツボーク！」**とコールします。塁審の場合は、**投手を指さしながらコールします。そして、プレイがひと段落してから、タイムをかけ、ボークの処置を行います。**

走者がいない場合は、打者のボールカウントが1つ増えます。走者がいれば、1つ先の塁へ進むことができます。

ただし、ボークであっても、打者が安打、失策、四球、死球などで一塁に進むことができるなど、**攻撃側にアドバンテージが認められる場合、ボークの判定よりも結果が優先されます。**例えば、本塁打だった場合は、そのまま得点が認められます。

投手と打者・走者との駆け引きはルールの中で行われるもの。それを見張るのも審判の役割です。

タイム！
2

ボークのコール後、投手が投球動作の途中なら、終わるのを待って「タイム！」をコール。

ランナー二塁へ
JUDGE
走者に進塁を促す。
3

走者が一塁にいたら、「ランナー二塁へ！」とコールする。

球審のジェスチャー

ボーク！
1

投手がボールを落として、モタモタしている場面。球審は「ボーク！」とコール。

タイム！
2

「タイム！」をコールして、投手が準備できるのを待つ（「タイム」をかけない場合もある）。

けん制球の見極め方①

DVD 16

一塁へのけん制球
1

投手が投手板を踏んだままけん制球を投げる場合は、外した場合より素早く投げられるので、制約が多いと理解する。一塁への偽投は認められていない。

投手板から外す
LOOK
完全に軸足を外しているかを確認。
2
1

投手板から右足を外して投げる場合は、投手板の後方（二塁側）に右足を外す。

投手板内からはみ出さないように外す。素早い動作なので注意。

投手板を踏みながら一塁をけん制する

けん制球とは、**走者のリードを小さくして盗塁を防いだり、塁を離れている走者のアウトを狙ったりするため、その塁の野手に送球すること**をいいます。

けん制球には2つの投げ方があり、**軸足となる右足を投手板につけたまま投げる方法**と、**投手板から軸足を外して投げる方法**です。ここでは、もっともよく見られる一塁へのけん制球を紹介します。

一塁へのけん制球は、**右足を投手板につけたままならば、左足を一塁方向へまっすぐ踏み出して、送球します。**途中で動きを止めたり、一塁へ足を踏み出さなかったりするとボークになります（➡P60）。

右足を投手板から外した場合は、必ずしも左足を一塁方向に向ける必要はなく、特に制限もありません。

2

左足から動いているか確認する。

LOOK
左足がけん制方向に向いているか確認する。
3

軸足でない方の足を一塁方向へまっすぐ踏み出しているかを見る。つま先の向きに注意する。

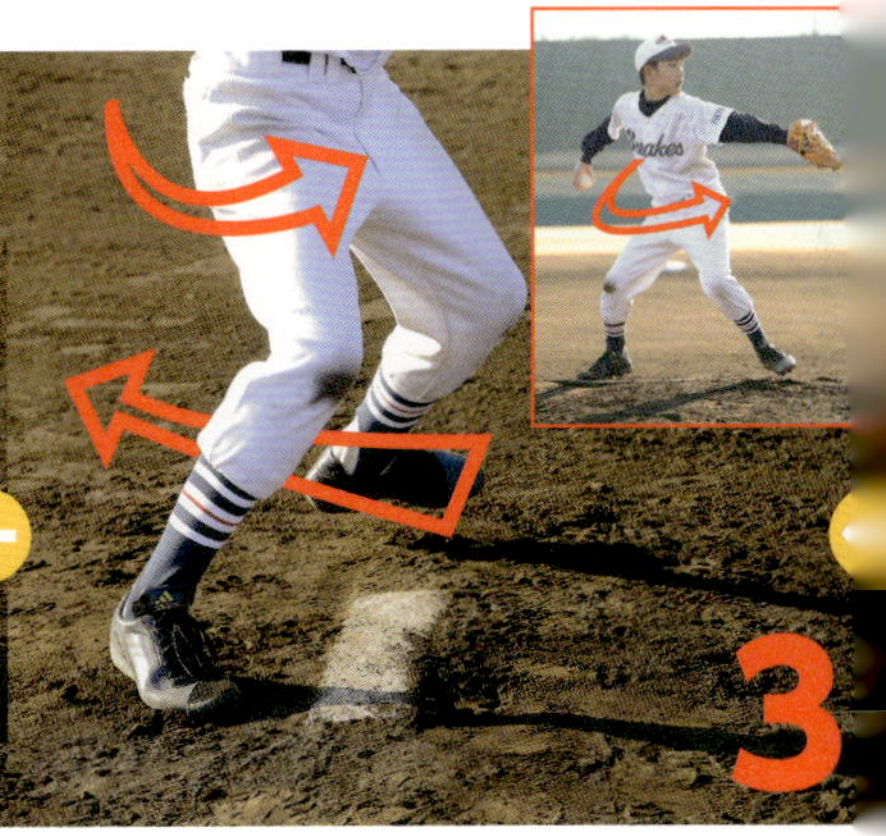
3

踏み出した足は必ずしも一塁方向を向いていなくてもよい。

4

塁審は投手の肩と足元を同時に見る技術を磨くこと。

ルールに学ぶ Rule book

けん制球

投手板から軸足を外さない場合は、一挙動で一塁へ投げることができます。軸足を外した場合よりも動作が1つ少ないからです。よって、「左足を一塁方向へまっすぐ踏み出す」という条件が1つ増えます。

1

2

投球動作⑦

けん制球の見極め方②

DVD 16

左投手のけん制球
LOOK
軸足は投手板に触れていることを確認する。
LOOK
上げた右足が一塁方向へ向いているか確認する。
2
1

2 投球動作と同じように右足を上げる。

1 両手でグラブを持って、体の前方でセット。

本塁に投げるような顔の向きに惑わされない

少年野球では左投手のけん制球によって、走者がアウトになる場面がよく見られます。ジャッジの機会が多い一塁塁審は注意が必要です。

左投手がセットポジションから右足を一塁方向へ上げ、一塁方向へまっすぐ踏み出して投げた場合は、正しいけん制球です。本塁に投げるような顔の向きに惑わされないようにします。一方、**右足が投手板の後縁を越えて上がった場合は、必ず本塁に投げなくてはいけません。**ここで一塁にけん制球を投げたらボークです（→P69）。

一塁塁審は投手を指さし「ザッツボーク!」とコールし、走者を二塁へ促します。正しいけん制球によって、走者が塁に戻れず、この後一・二塁間の挟殺プレイに移る可能性もあるので、覚えておきましょう。

4

投手の顔の向きは打者を惑わす行為になるので気にしない。

LOOK
踏み出した右足がけん制方向に向いているか確認。
3

踏み出した右足も、一塁方向へまっすぐ出ているかを見る。

ここだけは覚えよう

上げた右足の向きに注目

左投手の一塁へのけん制球は、走者の動きやリードが分かり、有利といわれます。しかし投手板の後縁を越えて、二塁方向へ右足を上げた場合は、必ず本塁に投げなければいけません。たとえ、投げる時に一塁に右足をまっすぐ踏み出したとしても、ボークになります。審判員は上げた右足の向きに注目します。

後縁

上げた右足が投手板の後縁を越えて、けん制球を投げたらボーク。

右足を一塁ベース方向へ踏み出さないとボーク。

投手の違反行為

反則投球の判定

投げようとしない
LOOK
投げる気配がないのを確認する。
ロジンバッグを直接つける
ロジンバッグ
DVD 17

ロジンバッグ（すべり止め）を直接ボールにつけることは違反。手につけることは認められている。

走者がいない場合、投手は12秒以内に打者に投球しなければならない。投手のマウンド付近での動作は注意深く観察する。試合の進行や安全にも関わるので、厳しくジャッジするよう心がける。

ボールを擦ったり異物をつけない

塁に走者がいない時、**投手は12秒以内に打者に投球しなければいけません。**投手が投げないまま、審判員が明らかな遅延行為だと感じた時は、「ボール！」とコールして、ボールを1つカウントします。

また、投手がピッチャーマウンド付近で**投げる側の手を口や唇につけ、その手でボールに触れるのも違反になります。**反則行為があった場合は、ボールデッドの状態にします。それから、投手を指さし、「反則投球！」とコールして、ボールを1つカウントします。

他に、**ボール、投球する手やグラブに唾液をつける。ボールをグラブ、体、ユニフォームで摩擦する。ボールに異物をつける、傷をつける。**こうした場合は、ボールを宣告するか、走者がいれば、「ボーク」です。

反則投球のジェスチャー

1
タイム！
ACTION
ボールデッドにする。
2
反則投球！
JUDGE
投手を指さして警告する。
3
1《ワン》ボール！
JUDGE
ボールを1つ追加する。
4
ボール交換

違反行為があったら、両手を広げて上げ、ボールデッド状態にする。投手を指さし「反則投球！」とコールし、ボールを１つカウント。ロジンバッグで汚れたボールは交換する。

ルールに学ぶ

Rule book

手に息を吹きかけるのは OK

天候が寒い日の試合開始前に、両チームの監督の同意があれば、審判員は投手が手に息を吹きかけることを認めることができます（野球規則８．02 投手の禁止事項（ａ）（１）【例外】）。また、軟式野球では、ボールをグラブや体、ユニフォームに擦りつけることはルールとして認められています。

打撃妨害のジェスチャー
打撃妨害！
ACTION
妨害箇所を指さす。
バスッ
2
1

2 左手で捕手を指さし「打撃妨害！」とコールする。

1 バットが捕手のミットに当たった場合は、音がするので注意する。

捕手の違反行為

打撃妨害の判定

DVD 18

安全進塁権を与えるが、ヒットが出たら続行

打撃妨害は、相手チームの捕手またはその他の野手が、**打者に妨害すること（インターフェア）**です。

例えば、打者がボールを打とうとした時、捕手のミットにバットが当たった場合です。**球審は、左手で捕手を指さし、「打撃妨害！」または「インターフェア！」とコールします。**

ボールが捕手のミットに収まれば打者に一塁に進む権利（安全進塁《あんぜんしんるい》権《けん》）が与えられるため、一塁を指さします。妨害があってもヒットなどでプレイが続いた場合、球審はプレイが一段落した後に、「タイム！」をかけます。次に、捕手を指さし、「打撃妨害！」とコール。ここで攻撃側の監督は、打撃妨害の適用か、打った後の結果のどちらかを選べます。監督の申し出がない場合は、打撃妨害を適用します。

JUDGE
出塁を促す。
ランナー一塁へ
タイム！
ACTION
ボールデッドにする。
4
3

4 一連の動きで、左手で一塁を指さし、「ランナー一塁へ」とコール。打者の進塁を促す。

3 両手を広げて上げ、「タイム！」をコール。ボールデッド状態にする。

ルールに学ぶ

打撃妨害だけど打者が打ってしまった場合

一死走者三塁で、打者が打撃妨害にもかかわらず、外野に飛球を打ちました。捕球後、三塁走者はタッチアップをして本塁にかえりました。監督は、「打者アウトで得点を記録」するのと、「走者三塁、一塁（打者が打撃妨害により出塁）」のどちらを選んでもよいことになります。

また、無死走者二塁で、同じく打者がバントをして走者を三塁に進め、自らは一塁でアウトになりました。監督は、「無死走者二塁、一塁」と、「走者三塁で一死」のどちらでも選べるわけです。

Rule book

両打ち、両投げ投手アリ？

Umpire's Topic

公認野球規則では、両打ちの打者や両投げの投手について、どのように触れられているのでしょうか？

両打ちの打者については、投球一球ごとに打席を変えることは、野球規則では禁止されていません。ただし、野球規則 6.06（b）では、「ピッチャーが投球姿勢に入ったとき、バッターが一方のバッターボックスから他方のバッターボックスに移った場合」は、アウトになります。投手を惑わすための行為と球審が判断したら、遅延行為をとられるかもしれません。

投手に関しては、野球規則 8.01（f）で、「投手は、球審、打者および走者に、投手板に触れる際、どちらかの手にグラブをはめることで、投球する手を明らかにしなければならない」とあります。つまり、グラブをはめていない側の手で投げることをはっきりと表明せよ、というのです。また、「投手は、打者がアウトになるか走者になるか、攻守交代になるか、打者に代打者が出るか、あるいは投手が負傷するまでは、投球する手を変えることはできない」。

打者と違って、投手の両投げは、一球ごとに手を入れ替えるわけにはいかないようです。

同一打者に対して、途中で左右の手を変えて投げるのは禁止。

投手が投球姿勢に
入る前ならば、
打席を変えられる。

打者に対するジャッジ

Part 4

バッターボックス内の違反

DVD 19

バッターボックスに入らない
早くボックス内に入りなさい！
ACTION
遅延行為を注意する。

打順が回ってきた打者はもちろん、打席の途中でも一球ごとに打席を外し、ベンチやコーチャーのサインを見たり、バットスイングを繰り返す場合は注意をする。

バッターボックスの外に出るとアウト

打者は自分の打順がきたら、速やかにバッターボックスに入って、打撃姿勢をとります。また、打者は、**投手がセットポジション、ワインドアップを始めた場合には、バッターボックスの外に出たり、打撃姿勢をやめたりしてはいけません。**この場合、投手が投球をすれば、球審はその投球によってボールまたはストライクをコールします。

打者が、**片足または両足を完全にバッターボックスの外に置いて打った場合は、アウト**になります。敬遠の投球を打者が打とうとしている時や、バッテリーが大きく外したボールをバントするときは、足元に注意してください。

ちなみに、投球に跳びついて行ったバントは、両足が地面から離れていれば違反になりません。

足を中に入れなさい！
構えた足が出る
ACTION
はみ出した足を注意。

足が完全に出ていなければ違反ではないが、正規の打撃姿勢をとるためボックス内に両足を置く必要がある。試合の中でラインが消えてしまうこともあるので、常に足が出ていないか確認する。

バントをしにいってはみ出す
LOOK
片足が完全にはみ出た状態で打った時はアウトになる。

スクイズなどでは大きく外れた投球に跳びついてバントすることがある。バットにボールが当たった瞬間、打席から足が完全に出ていたらアウト。空中に浮いたままなら問題ない。

打順のルール

打順間違いの判定

DVD 20

打順間違いの指摘
タイム！
ACTION
ボールデッドにする。
さっきの打者の打順が違います
LOOK
アピールを聞く。

監督がタイムを要請したことを確認したら、球審は両手を広げ「タイム！」をコール。監督からのアピールを聞き取る。

打撃を完了した後アピールすればアウトに

　メンバー表に記載されている打者が、出番の時に打たないで、**出番ではない別の打者（不正位打者《ふせいいだしゃ》）が打撃を完了した（走者となるか、アウトとなった）後、相手チームがこの誤りに気づいてアピールすれば、本来出番だった打者（正位打者《せいいだしゃ》）がアウトになります。**ただし、不正位打者の打撃完了前ならば、正位打者は不正位打者が得たカウントを受け継いで、打席につくことができます。

　守備側チームが、次の投球が始まる前に球審にアピールすれば、球審は正位打者に「アウト！」をコールします。

　不正位打者が安打、失策、四球《しきゅう》、死球《しきゅう》などで、一塁に進んだことによる、すべての進塁や得点は無効です。

　守備側のアピールがなければ、試合はそのまま続けられます。

不正位打者へのジャッジ

ACTION
間違いを指摘する。

アウト!
JUDGE
本来打席に立つはずだった選手を指さして「アウト!」をコール。

正位打者がアウトになるので、間違えた打者走者（不正位打者）を塁から戻して次打者とする。

メンバー表で確認

LOOK
特に背番号をチェックする。

メンバー表を見て、アピールのあった選手の名前と背番号、打順を確認する。

ここだけは覚えよう

アピールがあってジャッジができる

この項の打順間違いや、走者のタッチアップの離塁、塁の踏み忘れは守備側の相手チームからアピールがあって初めてジャッジができます。審判員は途中で気づいても、相手チームからのアピールがなければ、次のプレイに集中します。

出塁ができる①

デッドボール（ヒットバイピッチ）の判定

DVD 21

ボールが打者に当たったことを確認する。

試合を中断して一塁へ促す

投球が打者に触れたら、球審は両手を上げて「ヒットバイピッチ！」とコール。ボールデッドの状態にします。投球が打者に当たったことを確認してから、一塁へ促します。以前は、当たった部位を球審が自分の体を触って示したこともありますが、今はしません。

ただし、打者が本塁ベースにかぶさるように構え、投球がストライクゾーンを通過したら、「ストライク！」をコールします。また、**打者がスイングして体に当たってもストライクです。バントも同様です。**

投球がバットのグリップエンド付近に当たった場合は、ボールの弾み方を見ます。バットに当たった場合は大きく弾むからです。球審は、投球されたボールの角度の変化や音に注意する必要があります。

ヒットバイピッチ！
ACTION
ボールデッドにする。

2

両手を広く上げて、「ヒットバイピッチ！」とコールする。ボールデッドの状態になる。

ルールに学ぶ

よける

打者がよける行為をしないで、わざとデッドボールになろうとするケースがあります。その場合、あきらかによけていないと球審が判断すれば、その投球のコースを見て、「ボール！」などとコールします。

ランナー一塁へ！
JUDGE
一塁を指さし進塁を促す。

3

打者の安全を確認したら、一塁を指さして、進塁を促す。

ハーフスイングのジャッジ
LOOK
スイングの大きさを判断する。

球審は自分が見たままをジャッジする。ジャッジに自信がなかったら思い切って塁審に委ねるのも正しい選択。スピーディに対応したい。

ハーフスイングの判定①

DVD 22

振ったら空振り 振っていなければボール

打者がスイングしようとして、**途中でバットを止めることをハーフスイング**といいます。振っていたら空振り、振っていなかったらボールというこのジャッジの判定は難しく、よく注目されます。

一般的には**本塁ベース上にバットが留まっていて、手首が返っていなかったら、振っていないこと（ノースイング）**になります。

さらに細かいポイントとしては、右打者の場合、**バットを握った左手の人差し指が返っていないかを見る**ことです。いずれにせよ、野球規則には定められていないので、自分の判断基準を持ち、自信を持ってコールしなければなりません。

打者が三振や四球でなく打席が続く場合は、球審はカウントをコールしましょう。

ハーフスイングの基準

人差し指が返る（スイング）

本塁ベースの横のラインに左手人差し指が垂直の状態になっていたら、スイング。

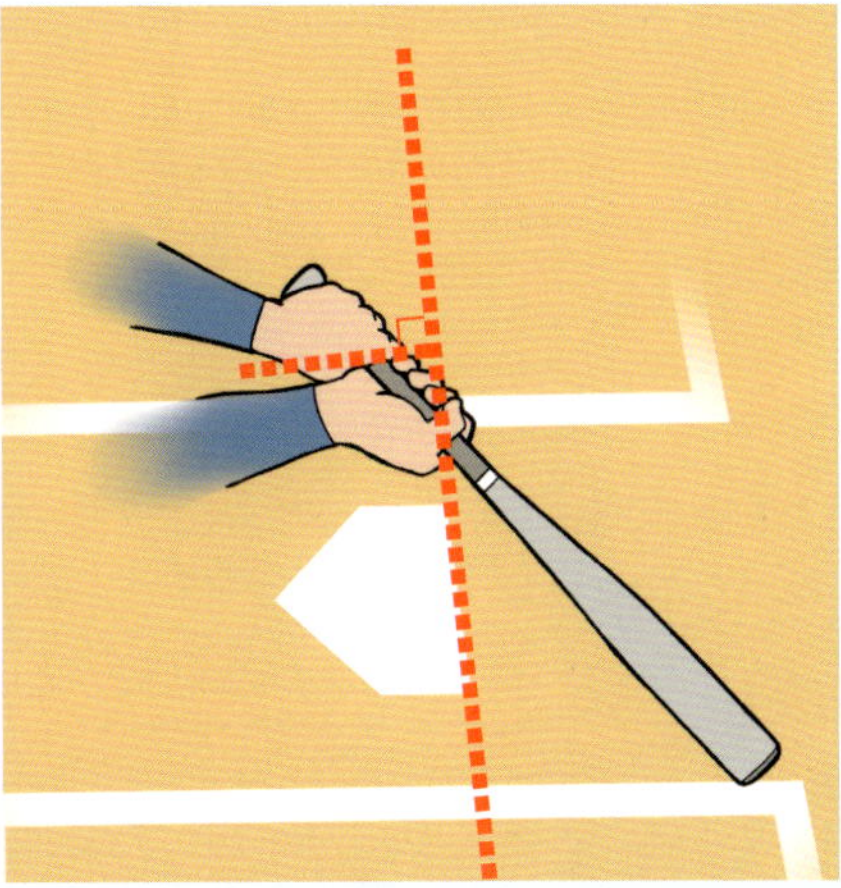

人差し指が返らない（ノースイング）

左手人差し指が鋭角に入っている状態ならば、ノースイング。

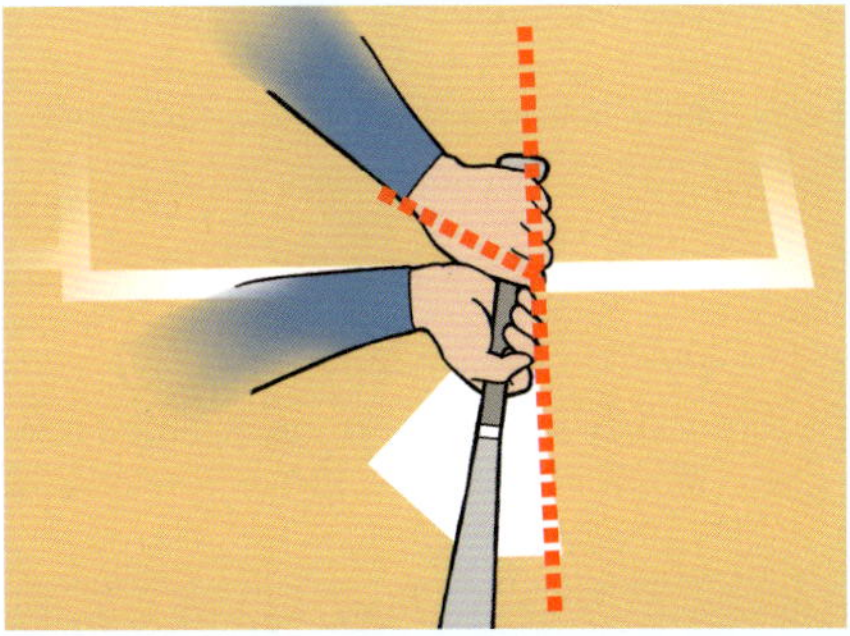

ここだけは覚えよう　自分の基準を持つ

ハーフスイングの見極めについては野球規則にも定められていません。この項で上げたポイントも、ひとつのヒントにしかなり得ません。日々観察し、自分でジャッジの基準を持つことが大切です。

JUDGE
毅然とした態度で。

ハーフスイングの判定②

DVD 22

塁審に聞く
確認お願いします！
LOOK
捕手からの要請を聞く。
ディドゥヒーゴー？
ACTION
一塁塁審に確認する。

球審が判断できなかった場合や、捕手からの要請があった場合は、塁審にジャッジを求める。自分で判断できたときは、右手人差し指をまわし「スイング！」とコール。

塁審にアドバイスを求めるように要請

球審が判断できない場合は、塁審に判断を求めます。

右打者の場合、**1、2歩、一塁塁審の方へ踏み出し、左手で一塁塁審を指差すか、または手を振って、「ディドゥヒーゴー（振った）？」と尋ねます。**

一塁塁審は振っていると判断した場合はアウトと同じジェスチャー、振っていない場合はセーフと同じジェスチャーをします。

また、**球審が「ストライク！」とコールしなかった時だけ、守備側の監督または捕手は、打者が振ったかどうかについて、塁審のアドバイスを受けるよう球審に要請できます。**

球審は要請があれば、塁審にジャッジを一任しなければならず、塁審はただちにジェスチャーで示さなければいけません。

塁審の判定

振っていない場合

ノースイング！
ACTION
セーフのジェスチャー。

振ってない場合はセーフと同じジェスチャーで「ノースイング！」とコール。

振った場合

スイング！
ACTION
アウトのジェスチャー。

振った場合はアウトと同じジェスチャーで、「スイング！」とコール。

球審の判定

スイング！
JUDGE
振ったら「スイング！」振っていなければコールはしない。

球審は、塁審のジャッジを確認して、振っていたら「スイング！」とコールし、振っていなければコールはしません。

ボールカウントを伝える

ACTION
仕切り直しではカウントをコールする。

一度仕切り直す意味でも、ボールカウントをコールする。試合では注目されるジャッジの１つなので、塁審と協力してテンポよく行いたい。

アウトになる①

守備妨害の判定

DVD 23

守備妨害のジャッジ
1
守備妨害！
ACTION
打者の守備妨害を指摘する。
2

打者が捕手に直接触れていなくても、体を寄せるなどの行為で送球を妨げていたら守備妨害。球審は打者を指差し「守備妨害！」とコールする。

打者を指差して「守備妨害！」とコール

打者が野手の守備を妨害したと審判員がジャッジしたときは守備妨害となり、打者はアウトになります。

例えば、走者が盗塁を試みたとき、打者が本塁ベースに体を寄せて、捕手の送球を妨げた場合です。このとき球審は、投球を判定した後、「**守備妨害！**」または「**インターフェア！**」とコールします。

走者がアウトになった時は、守備妨害はなかったことになります。走者がセーフまたは挟殺プレイになったら、球審はただちにタイムをかけ、打者を指差して「守備妨害！」、「バッターアウト！」とコールします。走者は元の塁に戻ります。

打ったボール、もしくはバントしたボールがフェア地域で打者やバットに当たっても、守備妨害で打者はアウトになります。

バッターアウト！
JUDGE
打者をアウトにする。
3

打者に正対して「バッターアウト！」とコール。危険をともなう行為なので厳格に対処したい。

ランナーは一塁へ戻りなさい
JUDGE
走者を元の塁に戻す。
4

一塁走者が二塁に進塁していたら、一塁を指差し「ランナーは戻りなさい」と声をかける。

バントしたボールが当たる

打者がバントをして一塁へ走り出す時に、フェア地域でボールに当たったら、守備妨害。また一塁方向に緩く転がった打球を捕手が捕りに行く時に、打者走者と接触しそうになることがある。ここで、打者走者が捕手または野手の守備を妨げたとジャッジしたら、守備妨害をとる。

JUDGE
守備妨害で打者をアウトにする。

アウトになる②

振り逃げの判定

DVD 24

ストライク3《スリー》！
振り逃げの成功
1
LOOK
捕手の取り損ねを目で追う。
ダートサークル
2

「ストライク3《スリー》！」とコールした投球を捕手が後逸したら、その後のプレイをしばらく見守る。

捕手が落球や後逸をしたら一塁へ進むことができる

「ストライク3《スリー》（三振）！」がコールされ、捕手が捕球した場合に限り、打者は直ちにアウトになります。しかし、**投球がワンバウンドをしたり、捕手が落球や後逸をしたりした場合、打者は一塁を目指す権利が得られます。**これが**振り逃げ**です。

捕手が、素早くボールの入ったミットか直接ボールで打者にタッチしたら、球審は、「アウト！」をコールします。一塁へ送球した場合は、一塁塁審がジャッジをします。

打者が走ろうとせずに、本塁ベースを中心とした円（ダートサークル）を越えた時も、球審は「アウト！」をコールします。

そもそも振り逃げが認められたのは、捕手がわざと落球して、併殺プレイを狙うことがないようにするためです。

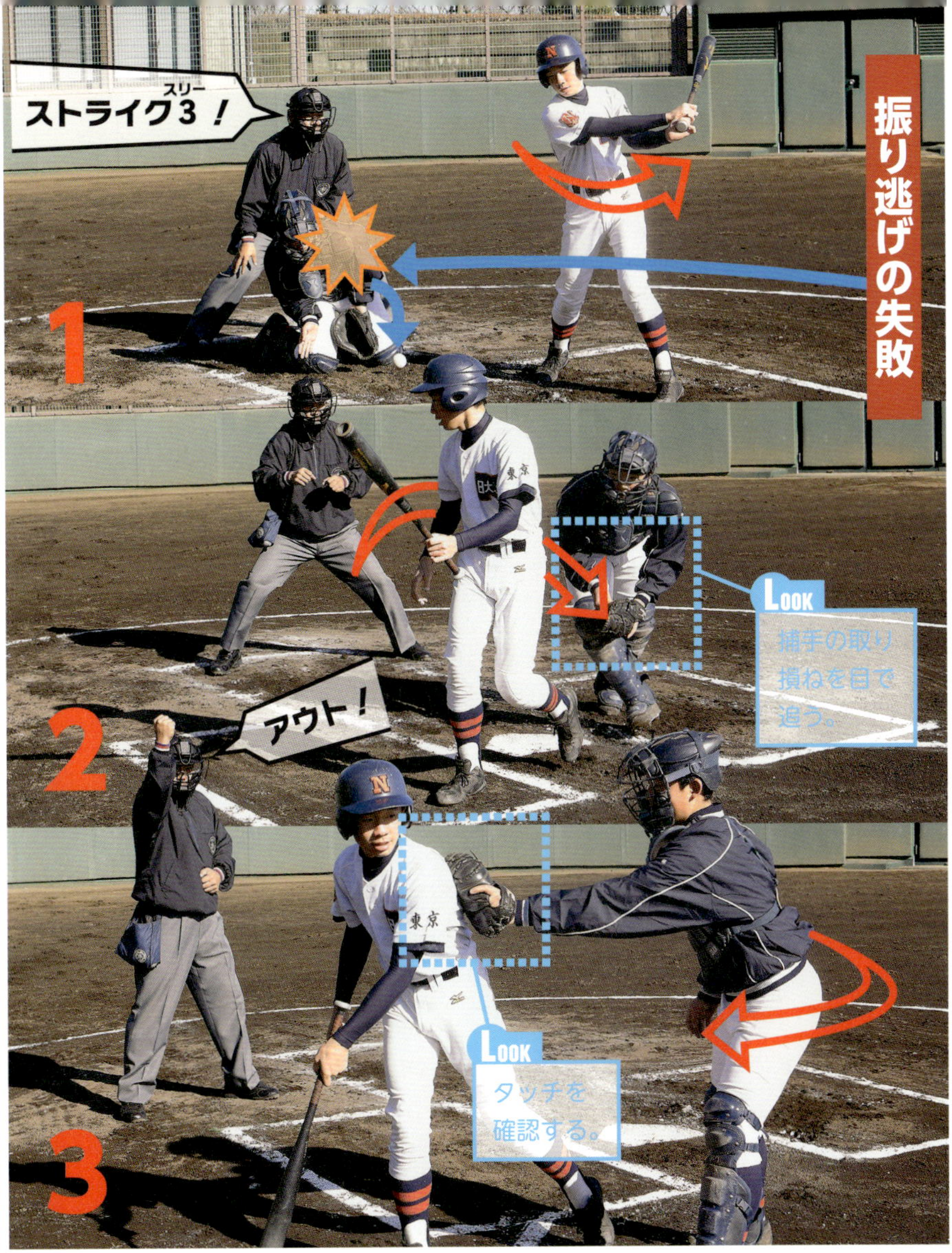
ストライク3《スリー》！
振り逃げの失敗
1
2
アウト！
LOOK
捕手の取り損ねを目で追う。
3
LOOK
タッチを確認する。

ショートバウンドで捕手が捕った時、捕手が打者へのタッチに行くのを確認する。

ルールに学ぶ 振り逃げの条件と正規の捕球

Rule book

振り逃げの条件は、無死または一死で一塁に走者がいない、または走者は関係なく二死の時に成立します。そして、打者が第三ストライクをコールされた後、捕手が正規の捕球ができなかった場合です。

野球規則には打者がアウトになる例のひとつに、第三ストライクと宣告された投球を捕手が正規に捕球した場合、とあります。

正規の捕球とは、まだ地面に触れていないボールが捕手のミットの中にあるということ。ワンバウンドやショートバウンドしたボールは含まれません。また、ボールが捕手のユニフォーム、用具に止まった場合や球審に触れてはね返ったボールを捕った場合も、正規の捕球ではありません。この条件が揃った時に、打者走者は一塁を目指します。審判員はしっかり頭に入れておきましょう。

得点になる

ホームランの判定

DVD 25

ホームラン！
ホームランのジェスチャー
JUDGE
右手の人差し指を回しながら「ホームラン！」とコール。
ACTION
止まってボールの動きを見る。

打球につられて追い過ぎない。動きながらのジャッジはミスにつながるので、必ず止まってジャッジする。迷った場合は審判員で集まって協議してもよい。

右手を上げ、人差し指を時計回りに回す

地面に落ちないまま**フェアのボールがフェンスを越えるか、スタンドに入ったらホームラン（本塁打）です。**打者には安全に本塁まで進む権利が与えられます。

打球を追い、本塁打と確認した塁審は、右手の人差し指を上げ、時計回りに回し「ホームラン！」とコールします。塁審は、打球がフェンスを越える、スタンドに入る間際は、動かず止まって見ます。距離があっても止まって見ることが、正しいジャッジにつながります。特に右翼、左翼にあるポール付近に飛んだ場合は、ポールの内側が本塁打、外側がファウルと結果が大きく変わるので注意が必要です。また場所によっては外野にフェンスがなく、ローカルルールの場合もあるので、事前にチェックしておきましょう。

Part 5

走者に対するジャッジ

盗塁の判定

DVD 26

二塁手寄りにいた時の動き

1
捕手の送球が投手の頭を越えるくらいのところでターンを開始。送球の高さ、コースを素早く把握する。
ACTION
右足を軸にして
右へ回り込む。
2
塁審が二塁手側にポジションをとった場合は右に回り込んで移動。遊撃手側にいた場合は左に回り込んで移動する。目線がぶれないようにする。

二塁塁審は反時計回りに半回転して位置につく

走者が一塁に出たら、二塁塁審は内野内に入ります。盗塁時などに、塁審がジャッジしやすい位置だからです。走者の走路や内野手の守備位置も確認し、衝突の危険がないポジションをとりましょう。

二塁塁審が二塁手寄りにいた時の盗塁への対処です。一塁走者が走り、捕手の手からボールが離れたら**塁審は右方向に回り込んで移動します。**この後、二塁ベース手前あたり、野手のグラブと走者の足（手）にうまく目線を合わせられるかがポイントです。カメラのファインダーをのぞくイメージを持つとよいでしょう。

二塁にいる走者が、三塁へ盗塁を試みた場合、**三塁塁審は定位置から一、二歩ほど三塁ベースに寄ります。**ここでも目線がぶれないよう、しっかり止まってジャッジします。

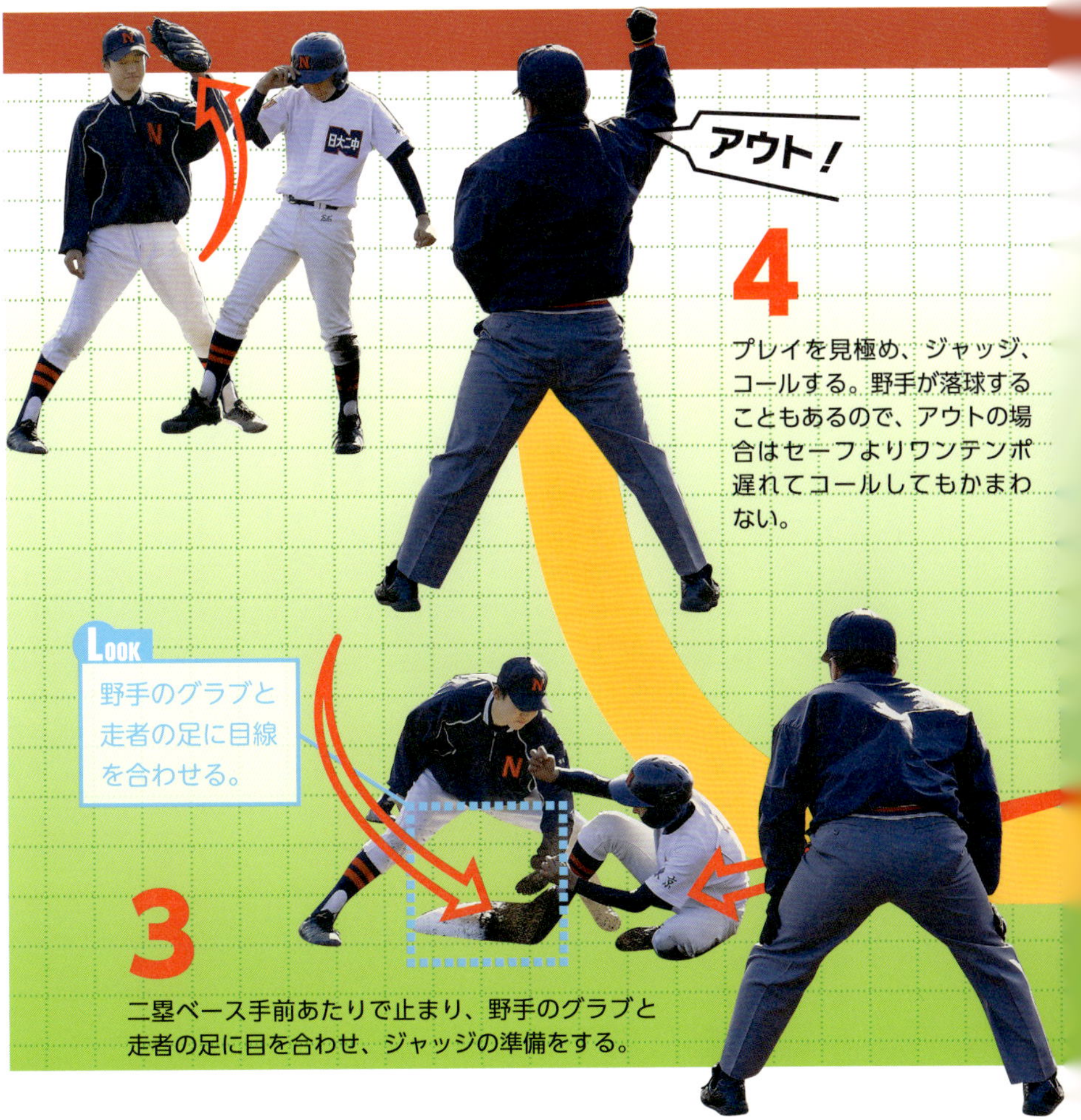
アウト！
LOOK
野手のグラブと走者の足に目線を合わせる。

4

プレイを見極め、ジャッジ、コールする。野手が落球することもあるので、アウトの場合はセーフよりワンテンポ遅れてコールしてもかまわない。

3

二塁ベース手前あたりで止まり、野手のグラブと走者の足に目を合わせ、ジャッジの準備をする。

送球がずれて二塁ベース上からそれた時の動き

アウト！

ターンして、体を反転させてから、さらに2～3歩移動して野手の捕球やタッチプレイが見やすいポジションを確保する。

走塁のルール①

スリーフットレーンの判定

DVD 27

レーンから一歩でも踏み出して、守備を妨げて走っていたら、守備妨害で打者走者はアウトになる。

捕手や野手の邪魔になっていないかをチェック

スリーフットレーンとは、**一塁側ファウルラインとその外側のスリーフットラインの間を囲んだエリア（ラインを含む）**をいいます。

打者は、ボールを打った直後から打者走者になります。一塁への守備が行われる時、**打者走者はこのスリーフットレーンを走るのが決まりです。**ファウルライン内側のフェア地域を走ると、野手への接触や、送球に当たる可能性があるからです。

走者一塁で、打者が一塁前に送りバントをした場合、球審と一塁塁審は、走者が捕手の送球を邪魔しようとスリーフットレーンの内側を走っていないかをチェックしましょう。故意でなくても**フェア地域を走って守備を妨げたら、守備妨害で打者走者はアウトになります。**ファウルライン上を走るのはＯＫです。

スリーフットレーンのジャッジ

球審は一塁寄りの本塁前あたりで、プレイを見る。打者走者が捕手の送球に当たるかどうかを見るのではなく、走っているコースを見てジャッジする。

球審は打者走者がスリーフットレーンでなくフェア地域を走っているとジャッジしたら、両手を広げ「タイム」をかける。

送球をともなうプレイが落ち着くのを待って、打者走者を指差し「守備妨害！」または「インターフェア！」とコール。

「バッターアウト！」とコール。送球が当たっても、打者走者が正しく走っていたらセーフのジェスチャーで「ザッツ・ナッシング！」とコール。

オーバーランの判定

DVD 28

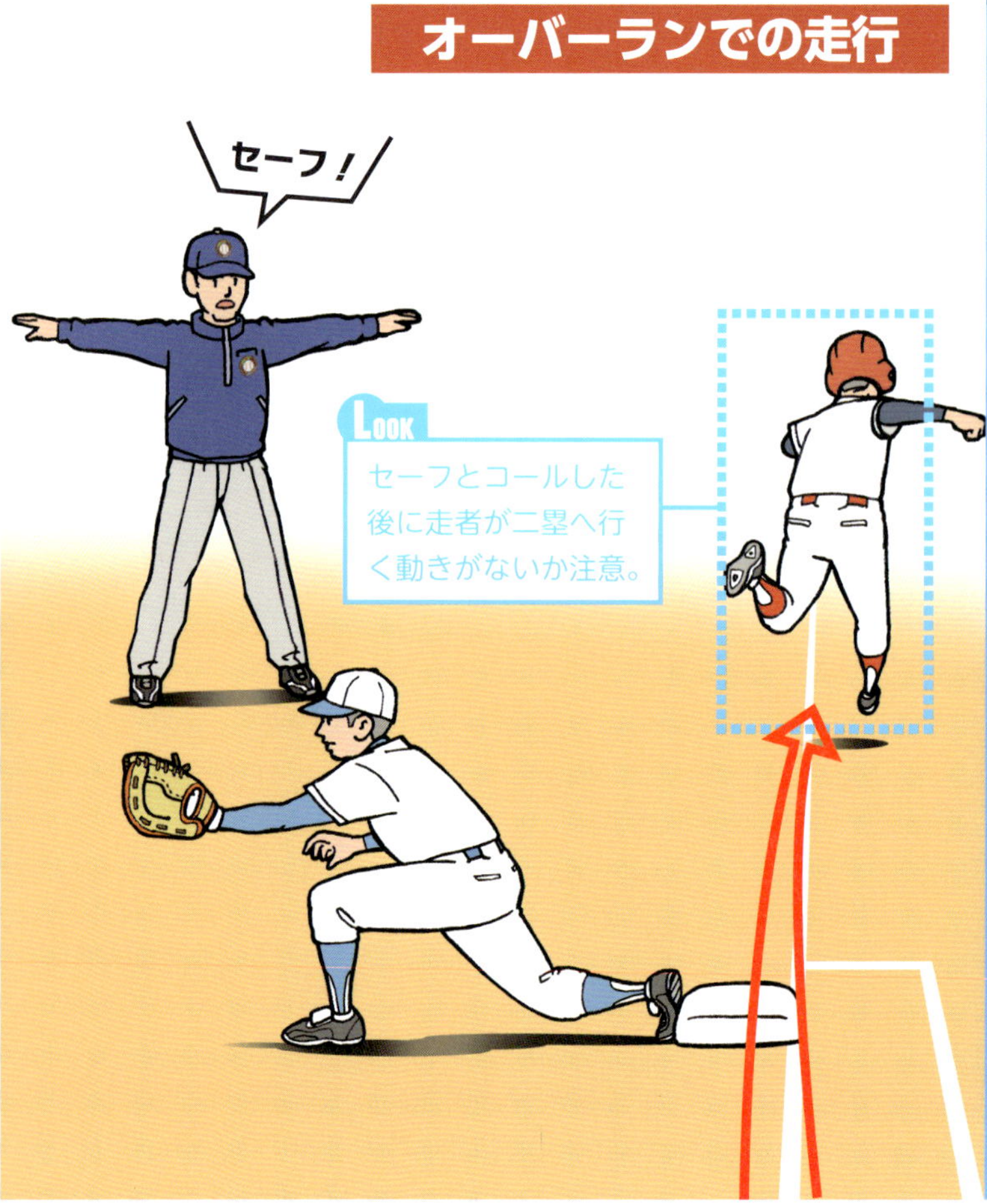
オーバーランでの走行
セーフ！
LOOK
セーフとコールした後に走者が二塁へ行く動きがないか注意。

打者走者は一塁ベースを踏んだ後、オーバーランが認められている。駆け抜けた後は、すみやかに塁に戻らなければならない。

一塁を駆け抜ける「オーバーラン」

打者走者は一塁ベースを踏んだ後、そのまま駆け抜ける「オーバーラン」が認められています。 二塁、三塁の場合は、ベースから離れて野手にタッチされたらアウトです。打者走者は一塁を駆け抜けたら、素早く塁に戻らなければいけません。

もし、一塁で止まるはずだった打者走者が、駆け抜けた後に二塁へ行く動作をしたら、その時点でオーバーランは取り消されます。リードしている走者と同じく、返球がきて、帰塁の前に一塁手にタッチされたらアウトです。

悪送球なら、一塁塁審はボールの行方を見ながら走者の様子もチェックします。 二塁への安全進塁権《あんぜんしんるいけん》（➡P100）。が認められる可能性があるからです。また、走者と自分との接触にも気をつけましょう。

塁に戻る前にアウト

1
オーバーランの後、
走者が二塁を狙う
動きを見せる。

2
返球を受けた一塁手
が走者にタッチする。

3
一塁手がタッチしたことを
アピール。それを認めた塁
審が「アウト！」をコール。

ここだけは覚えよう　ポイントは走者のそぶり

打者走者が一塁へ駆け込み、送球が大きくそれて一塁ファウルグラウンドを転々。ここで打者走者が、二塁へ向かうそぶりを見せた場合、返球を捕った野手がタッチしたらアウトになります。例えば、二塁へ上体を向けたり、一歩でも二塁へ走り出すということです。オーバーランを行った場所が、フェア地域、ファウル地域に関係なく、あくまでも走者のそぶりがジャッジのポイントになります。

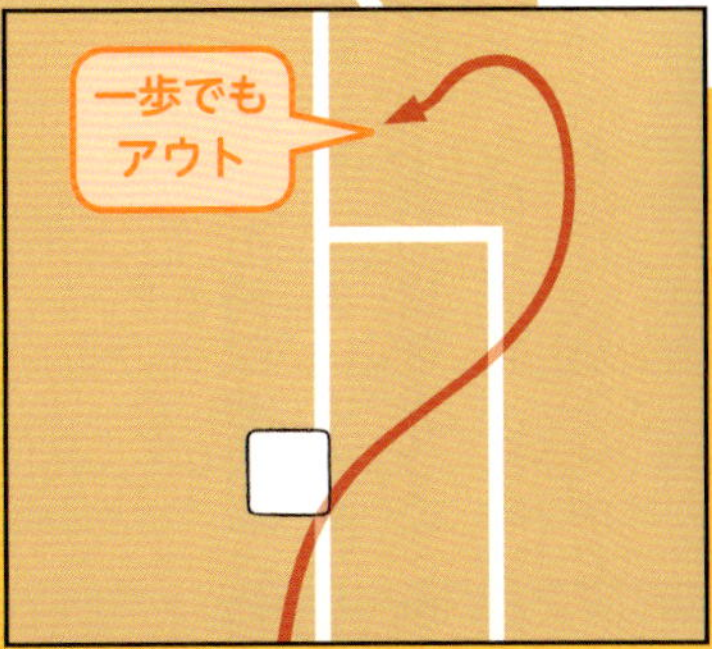

走者がフェア地域内に入ったからではなく、一歩でも二塁に向かうそぶりを見せたかどうかがジャッジでは大切。

走塁のルール③

リタッチ、タッチアップの判定

DVD 29

リタッチを見る
LOOK
帰塁が遅い場合はスピードアップをうながす。

ファウルボールやタイムといったボールデッドの場合、走者が帰塁しないと試合が再開できない。塁審は早く戻るよう促す。

野手が飛球を捕ったら塁に戻って次を狙う

塁から離れていた走者は、フェア・ファウルに関係なく、野手が飛球を捕ったら、一度元にいた塁に戻らなければなりません。これをリタッチといいます。 走者がリタッチする前に、ボールを捕った野手が送球して、塁を踏んだ野手が捕球すればアウトです。ボールデッドの時は、走者にリタッチさせてから、試合を再開させます。また、大きな打球が飛んで、一塁走者が二塁を回って三塁へ向かった後、野手の捕球を確認した場合は、走者は二塁ベースを踏んで、一塁へ戻らなければなりません。

外野への飛球を捕球された後、触塁状態、あるいは一度リタッチした後に、次の塁を狙うことをタッチアップといいます。 各審判員は野手が捕球またはグラブに触れた後に走者が塁を離れたか、確認します。

タッチアップを見る

ボールを追う
1

移動して、捕球と帰塁のタイミングを同時に見る。

ボールを捕る
2

捕球の体勢に入った野手と走者を同じ視界に入れる。

ボールを投げる
3

野手が捕球してから走者が塁を離れたかを確認する。

LOOK
帰塁をしっかりと確認する。

走者の足元とベースを見る。オーバーランの時と同様に、返球などボールの動きにも注意する。

アピールプレイ

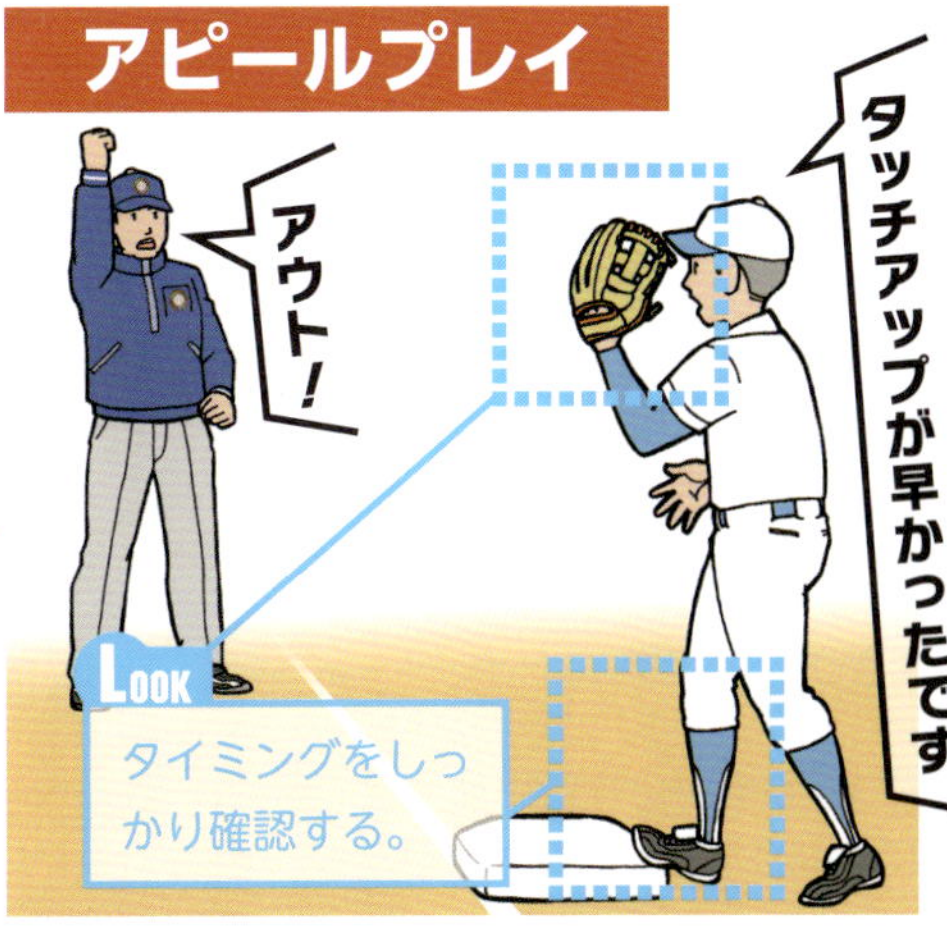
タッチアップが早かったです
アウト！
LOOK
タイミングをしっかり確認する。

野手が走者にタッチして、離塁が早かったとアピールがあったら、塁審はその時のジャッジをする。

安全進塁権の判定

DVD 30

送球がベンチに入る
LOOK
最後までボールの
行き先を確認する。

各審判員は野手の送球が悪送球だった場合、ボールの行き先を最後まで見る。球場によって進塁できる権利が違ったりするので、試合前に確認すること。

アウトを気にせず、安心して進塁ができる権利

打者や走者がアウトにされる心配をせず、進塁できる権利を安全進塁《あんぜんしんるい》権《けん》といいます。

打者の場合は、四球や死球、打撃妨害の時です。走者の場合は、投手がボークをコールされた時や、野手が一塁へ悪送球を投げた時などに認められます。

少年野球でよくあるケースをあげましょう。無走者で打者が内野ゴロを打ち、野手から一塁への送球が暴投になり、ボールがベンチに入ってしまった場合。

ここで一塁塁審は、すぐにボールの入ったベンチの方向を向き、タイムをかけます。そして、打者走者を指さし、二塁へ進塁するよう促します。進塁の仕方は各球場や大会によって変わるので、そのルールに従って、走者に伝えます。

安全進塁権のジャッジ

タイム！
ACTION
試合を続行できなく
なったらタイムをとる。
1

送球がそれてベンチに入ってしまい、試合の続行が不可能になった場合は、「タイム」をかける。

JUDGE
進塁するように伝える。
バッターランナー
セカンドベース！
2

審判員は各球場のルールに則って、進塁を一塁走者、打者走者に伝える。

ルールに学ぶ　Rule book

安全進塁権

他の事例も紹介します。まず打者と走者が同時に進塁できる場合です。走者一塁時の四球、死球、フェンスオーバーの本塁打、ワンバウンドをしてスタンドに入った二塁打（エンタイトルツーベース）、野手による打撃妨害があった時などです。走者だけが進塁できる場合もあります。投手がボークをコールされた時です。また、打者だけの場合もあります。走者一塁で打球が一塁走者に当たった…。この場合、打者は進塁できますが、走者はアウトになります。

エンタイトルツーベースのジャッジ

JUDGE
ジャッジとコールで2《ツー》ベースを伝える。

打球を追っていた塁審はスタンドにボールが入ったことを確認したら、本塁側に向き直り、右腕を突き上げてV字を作り、「2《ツー》ベース！」とコールする。

塁の踏み忘れの判定

DVD 31

足元と塁を見る
120M
LOOK
踏み忘れを確認してもコールはしない。

各審判員は毎回走者の触塁を確認する。空過があっても、審判員からはジャエスチャーやコールはしない。次のプレイに集中する。

踏んでいないことを教えることはしない

走者がベースを踏むことを触塁《しょくるい》、踏まずに通過することを空過《くうか》といいます。走者は一塁から順にベースを踏んで進塁しなければいけません。その触塁を、各審判員は毎回確認をします。試合展開によって、自分が担当する塁以外の塁も確認しなければならないのです（➡P128）。

もし、審判員が走者の空過に気づいていても、コールはしません。守備側のチームのアピールがあって、初めて審判員は「アウト！」をコールします。アピールがなかった場合はそのまま試合は続行します。また、走者は空過に気づいたら、次の塁を踏む前ならば、前の塁へ戻って踏み直すことができます。

走者が本塁ベースを踏んだときに球審が、「ホームイン！」とコールするイメージがありますが、これは

アピールを受けてアウト

間違いです。触塁や空過を選手に教えることになり、そうした行為は禁止されているからです。

踏んでないです！
LOOK
アピールする野手が塁を踏み、ボールを持っていることを確認。
ランナーアウト！
JUDGE
走者の方を向いてこの時点でアウトにする。

野手側から走者が塁を踏んでないことに対しアピールがあったら、ジャッジ、コールをする。

ここだけは覚えよう

触塁

走者の触塁は審判員自身がベースから離れていても、止まって見れば正しくジャッジすることができます。

追い越し、同一塁上の走者の判定

追い越しのジャッジ
1
追い越しアウト！
2
JUDGE
追い越した走者をアウトにする。

DVD 32

本塁に近い走者に優先権があると理解する。前を走る走者を後ろから来た走者が完全に追い越したのを確認する。追い越した走者を指さし「アウト！」とコール。

前の走者に塁の占有権《せんゆうけん》がある

前を走る走者を後ろから走者が追い抜いてしまった場合は、後ろの走者がアウトになります。その後のプレイは続きます。並行して走るのは違反ではなく、完全に追い抜いてしまった場合です。

走者が逆走した場合も本塁から遠い方の走者がアウトになります。例えば走者一・二塁で飛球を外野手が捕球し、帰塁途中に二塁走者が一塁走者を追い抜いてしまったら、一塁走者がアウトです。

1つの塁に走者が二人いて、野手が両方の走者にタッチしている場合、**前を走る走者に占有権があるため、後ろを走る走者がアウトになります。**ベースに足が触れていてもアウトです。

挟殺プレイの後によく起きるので、覚えておきましょう。

同一塁上の走者のジャッジ

占有権あり
LOOK 前の走者をタッチ。
セーフ!
1
占有権なし
2
セカンドランナーアウト!
LOOK 後の走者をタッチ。
3

1つの塁に二人の走者がいる場面。挟殺プレイの後に起こりやすい。

野手が両方の走者にタッチをする。この場合は前を走る走者に占有権があるため「セーフ!」をコールする。

後ろを走る走者に占有権はないので、「アウト!」をコールする。

走塁のミス③

走者の守備妨害の判定①

DVD 33

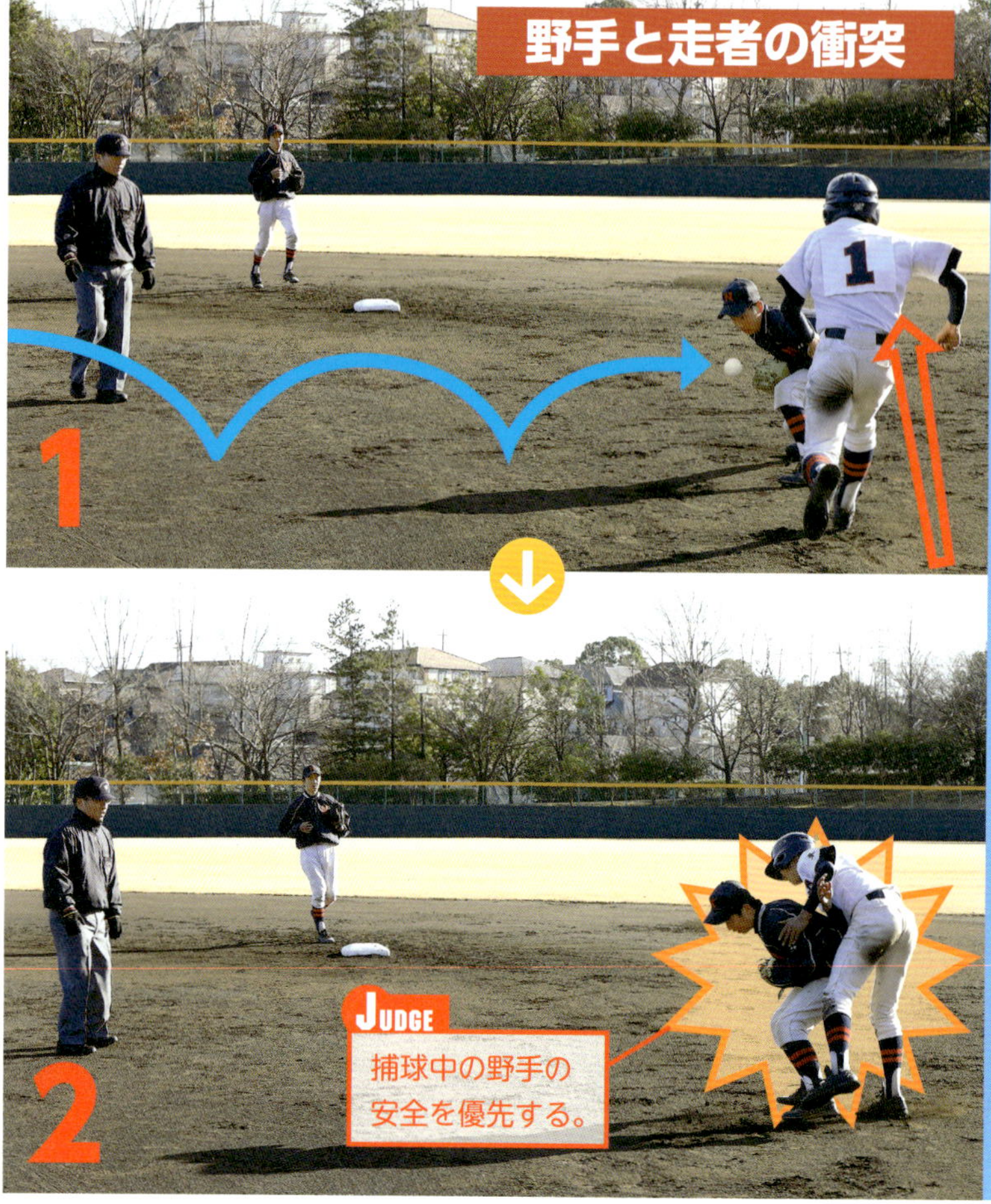
野手と走者の衝突
1
2
JUDGE
捕球中の野手の安全を優先する。

走者が走路を正しく走っていても、野手の守備に対する安全が優先される。走者一塁で二塁ゴロの時に起こりやすいので注意する。

野手の守備に対する安全が優先される

走者一塁で、二塁手の手前に打球が転がったとします。二塁へ向かう走者が、打球を捕ろうとした二塁手とぶつかってしまったら、走者の守備妨害になります。**走者が走路を正しく走っていても、野手の守備に対する安全が優先されるからです。**

また、故意であろうと偶然であろうと、**走者が打球に当たってしまっても守備妨害となります。**

ここで、**審判員は両手を広げてタイムをかけ、走者を指差して「守備妨害（インターフェア）ランナーアウト！」とコールします。**

併殺プレイの時、一塁へ送球しようとした野手に一塁走者がわざとぶつかったり、**野手の送球を両手を上げて妨げても、守備妨害となります。**送球に対する妨害は、打者走者もアウトになります。

ACTION
衝突があったらタイムをかける。
タイム！
3

JUDGE
守備を妨害した走者をアウトにする。
守備妨害
ランナーアウト！
4

走者と野手が接触した、もしくは走者が野手の守備機会の邪魔をしたとジャッジしたら、審判員は両手を広げ「タイム！」とコール。走者を指差し「守備妨害ランナーアウト！」とコールする。

走者が送球に当たる可能性もあり、大変危険なプレイですので、審判員は厳しく見てください。

送球を妨害する

JUDGE
送球妨害は打者走者もアウトになる。

守備側が併殺を狙うプレイで、走者が手を広げて野手の送球を妨げても守備妨害。審判員は一連のプレイを最後まで見てジャッジする。

走塁のミス④

走者の守備妨害の判定②

挟殺プレイ時の妨害

1
走者が守備中の野手にぶつかる。
2
LOOK
野手が落球する。
DVD 33

審判員はプレイの見やすいポジション取りを心がける。自分の目の前で起こるプレイに集中する。

走路から大きく離れたら「ラインアウト」でNG

走者の守備妨害は、挟殺プレイでもよく起こります。走者三塁でスクイズが失敗し、三・本塁間に走者が挟まれた場合。ここで、ボールを受けようとする野手のグラブに目がけて走者が走り込みます。**走者がボールを持っている野手に体当たりして、野手が落球しても守備妨害です。**

また、**走者が野手のタッチをさけようと走路3フィート（91・4センチ）の幅から離れて走った場合は、ラインアウトになります。**

審判員は、**走者の方に一歩踏み込んで右手でラインアウトの地点を指差し、「ラインアウト!」「ランナーアウト!」とコールします。**

挟殺プレイは走者が走路を行き来し、野手が入れ代わる場合が多いので、審判員は自分の近くで起こるプレイに集中しましょう。

ACTION
タイムをとる。
3
走者が野手の守備の邪魔をしたとジャッジしたら、両手を広げ「タイム！」とコール。
守備妨害ランナーアウト！
JUDGE
守備妨害を宣告する。
4
走者が塁に達していても、走者を指さし、「守備妨害ランナーアウト！」とコールする。

ラインアウトのジャッジ

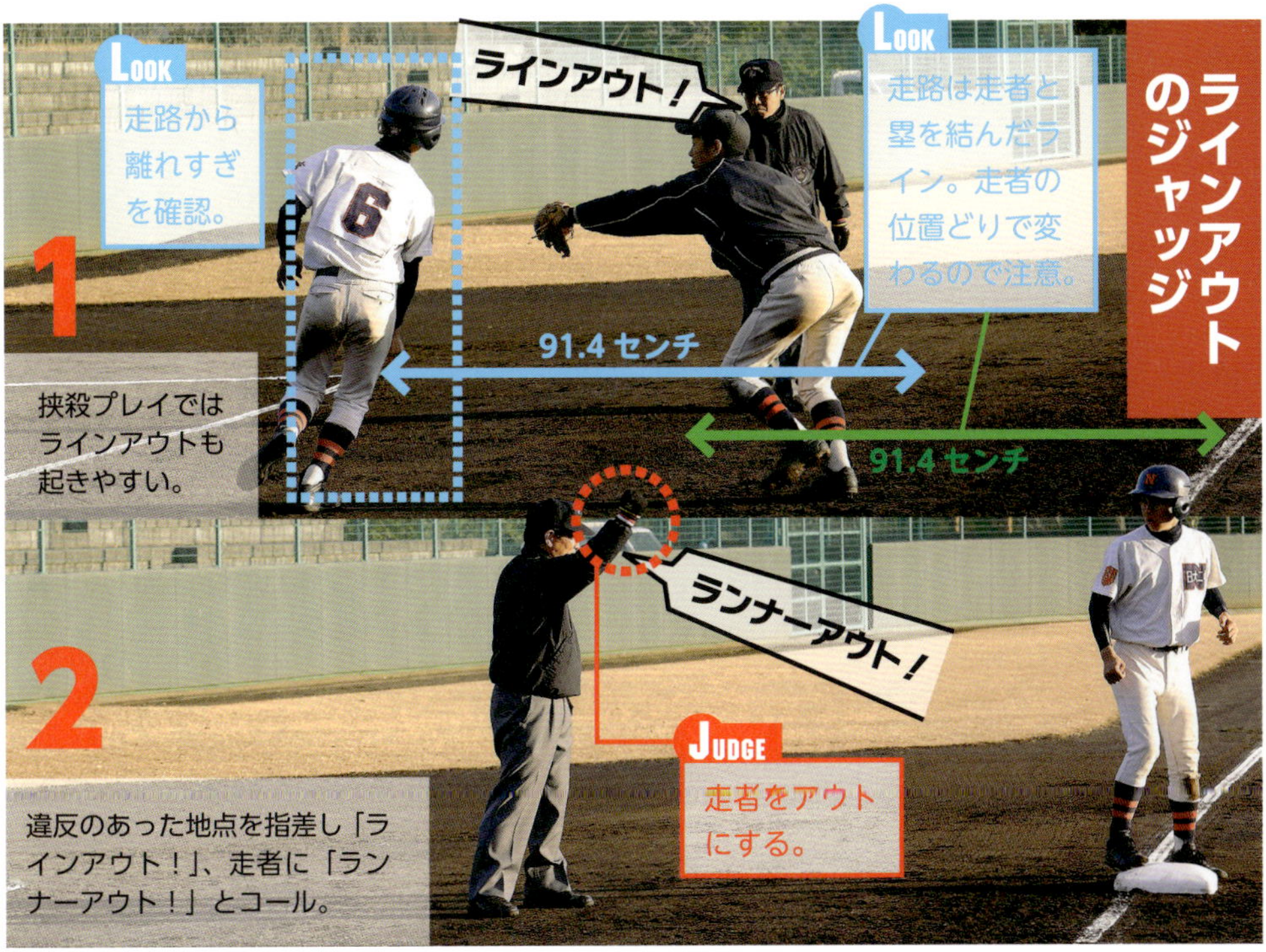
LOOK
走路から離れすぎを確認。
ラインアウト！
LOOK
走路は走者と塁を結んだライン。走者の位置どりで変わるので注意。
91.4 センチ
91.4 センチ
1
挟殺プレイではラインアウトも起きやすい。
ランナーアウト！
JUDGE
走者をアウトにする。
2
違反のあった地点を指差し「ラインアウト！」、走者に「ランナーアウト！」とコール。

ラフプレイは、厳しくジャッジ！

Umpire's Topic

近年は、メジャーリーグのプレイをテレビで見る機会が増えました。感情をあらわにしたり、走者が捕手に体当たりするシーンなどは、迫力があり、プロの世界では賞賛されることもあります。

しかし、2013 年のセンバツ高校野球でも話題になったように、アマチュア野球では、「特に将来がある子どもたちをラフプレイで怪我させてはいけない。将来の夢を台無しにしてはいけない」との理念を尊重し、アマチュア内規にも追加して、ラフプレイの禁止、危険なスライディングの禁止を、2013 年 2 月 15 日から適用。各審判員が危険なプレイだとジャッジしたときは、守備妨害として厳しく取り締まります。

走者と野手の接触プレイは、本塁だけではなく、併殺プレイ、挟殺プレイなどのときにも起こりえます。

審判員には、選手の安全を守り、接触プレイなどを誘発するような雰囲気を取り除く役割も求められます。危険と思われるプレイには、自信を持って「インターフェア（守備妨害）！」とコールすることを心掛けてください。

インターフェア！

危険なプレイには、自信を持って「インターフェア！」を宣言しよう。

Part 6

野手に対するジャッジ

捕球の判定

DVD 34

距離があっても止まって見れば、正しくジャッジすることができる。

捕球できた時のジェスチャー

野手の捕球を確認したら、アウトと同じジェスチャーで「キャッチ！」とコール。

グラブの腹側が見える審判員が判定する

外野手が前進して地面すれすれで捕る打球は**トラブルボール**といわれ、審判泣かせの難しい判定の1つです（↓P129）。

審判用語に**「オープングラブポリシー」**という言葉があります。**グラブの腹側にいる塁審が判定する約束ごとです。**例えば、左翼前にライナーの打球が飛び、左翼手が前進してきてキャッチしたとします。その左翼手からの距離は三塁塁審が近いのですが、もしグラブを二塁方向に広げて捕っていたら、見やすい二塁塁審がジャッジをします。捕球ができていれば、**二塁塁審はアウトと同じジェスチャーで右腕を上げ、「キャッチ！」とコールします。**もし、**ボールが地面に着いていたら、セーフと同じジェスチャーで両手を広げ「ノーキャッチ！」とコールします。**

ノーキャッチ！

ポロッ

捕球を確認するまではコールしない。

捕球できなかった時のジェスチャー

野手が捕球をしそこなったら、セーフと同じジェスチャーで「ノーキャッチ！」とコール。

困った時のQ&A 捕球

Q：野手が打球をグラブに当てて、その後、地面すれすれで捕球しました。アウトですか？

A：アウトです。ただし、野手がグラブや帽子を投げて打球を止めた場合は厳しく対処します。打者側に3個の安全進塁権が与えられます。

オープングラブポリシー

アウト！

左翼手のグラブの腹側が見えやすい、二塁塁審が捕球のジャッジ、コールをする。内野への低いライナーが飛んだ時も、この原則が用いられる。

フォースプレイ、タッチプレイの判定

DVD 35

フォースプレイのジャッジ

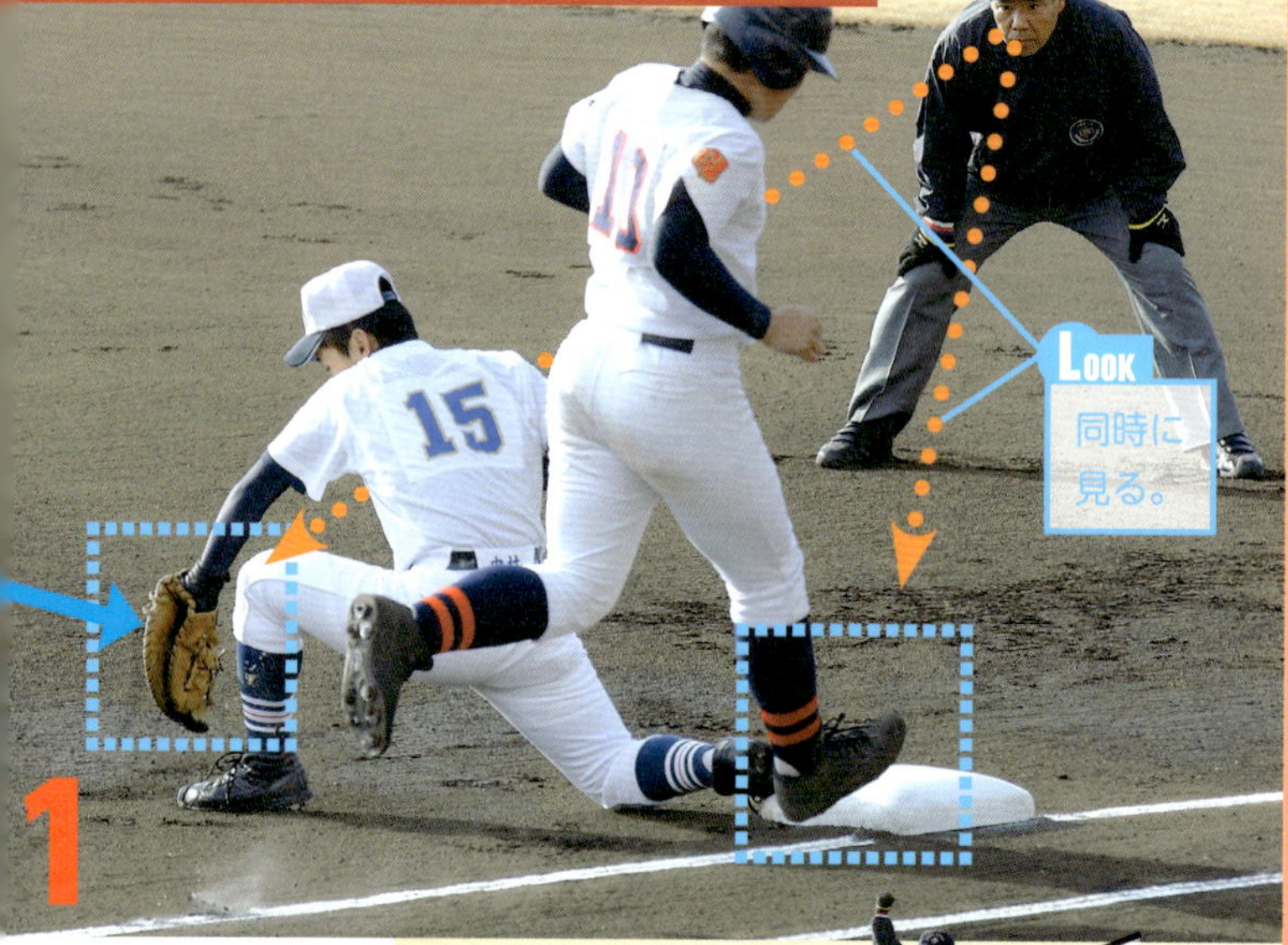
LOOK
同時に見る。

野手の捕球面、野手の足、走者の足の動きを、１つのフレームに入れて見る。

アウト！

一塁手の捕球が、打者走者よりも早いのでアウトになる。

止まって、目の前のプレイに目線を合わせる

打者が打つと、塁上の走者または打者は次の塁へ進むことが決められています。**走者が触塁する前に野手が捕球して塁または走者にタッチすることを、フォースプレイといいます。**

フォースプレイのジャッジのポイントは、的確な距離をとることです。例えば、**一塁塁審の場合は、まず送球に対して90度の角度に立ちます。**そして、野手の捕球面、野手の足、走者の足を1つのフレームに入れるように見ます。

塁を離れている走者に、野手がボールを持ったグラブまたはボールをつかんでいる手で直接タッチすることを、タッチプレイといいます。

タッチプレイでは、野手のグラブと走者が**見やすい角度からジャッジします。**しっかり止まってから、目の前のプレイに目線を合わせます。

タッチプレイのジャッジ

1

野手のグラブと走者の足がよく見える角度と距離を保つ。

2

アウト!

野手が落球することもあるので、グラブにボールが入っているのを確認してからコールする。空タッチ、追いタッチにも注意。

ここだけは覚えよう

送球に対して 90 度のポジションに立つ

フォースプレイの場合、野手の送球によって、審判員のとるポジションも変わります。なぜ 90 度かというと、塁についた野手が捕球する時、走者の触塁、野手の捕球、そして野手の触塁が一番よく見えるからです。

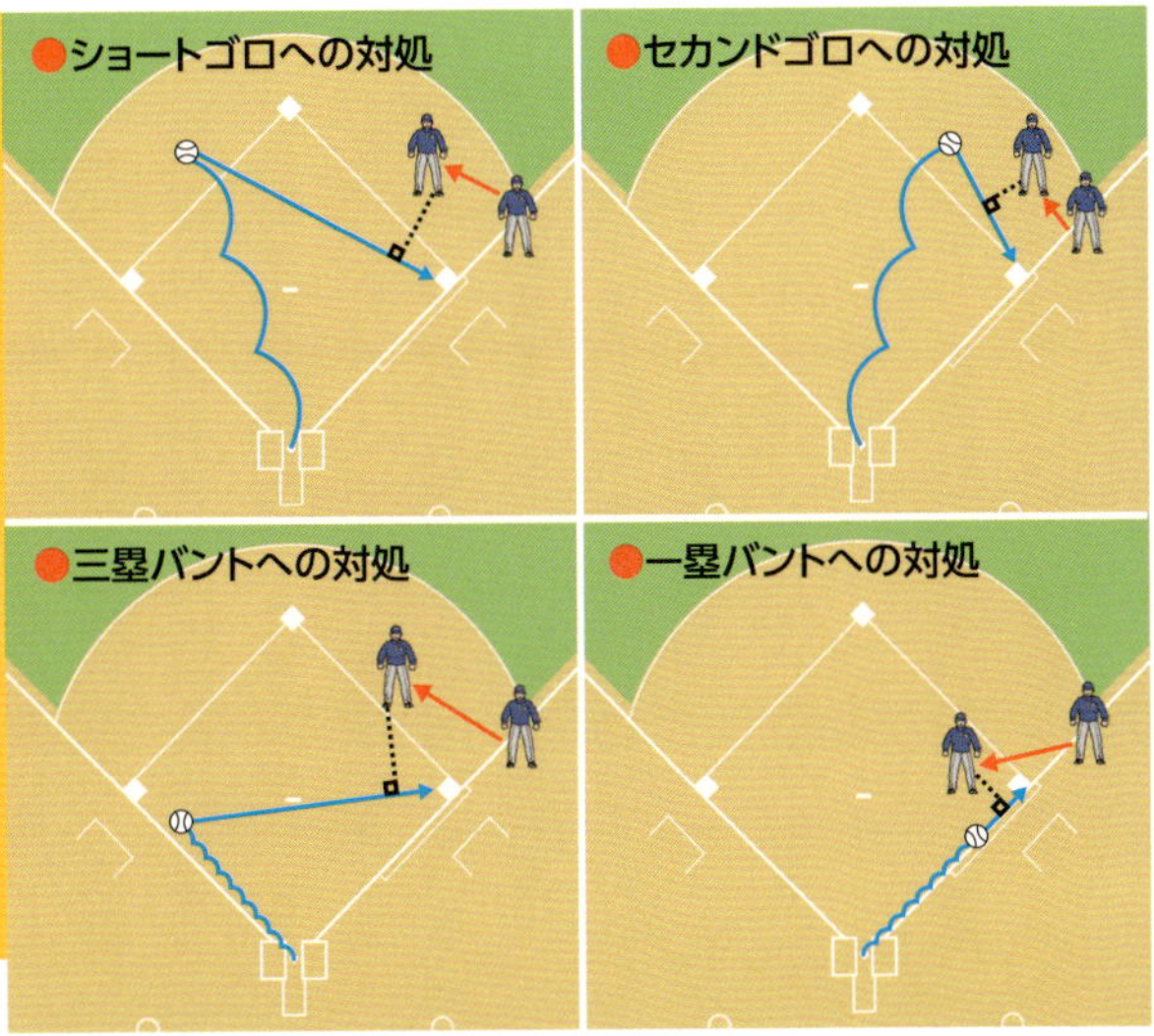
ショートゴロへの対処
セカンドゴロへの対処
三塁バントへの対処
一塁バントへの対処

併殺プレイの判定

DVD 36

三塁手、遊撃手へ打球が飛んだ場合

1 二塁手が二塁に入った時の併殺プレイ。

2 二塁手が捕球してから体をひねって一塁へ送球する。二塁塁審は送球の邪魔にならないポジションをとり、ジャッジする。

野手同士の素早い動きに注意する

塁上にいる走者と打者を1つの打球でアウトにすることを併殺プレイ（ダブルプレイ）といいます。特に野手同士の動きが素早いため、動きに注意しなければなりません。

例えば、走者一塁で三塁へ打球が転がり、捕球した三塁手が併殺プレイを狙って二塁へ送球します。**二塁塁審は、あらかじめ内野内に立ち、三塁手から送球されたら二塁ベースの方向にターンし、二塁手がボールを捕った時点でベースを踏んでいるかを見ます。**続いて二塁手が一塁へ送球する時に、走者が妨害していないかもチェックします。

この一連のプレイは、野手の動きにつられて早くコールしがちです。**ワンテンポ遅れてもよいので、二塁手の捕球をしっかり確認してからコールしましょう。**

一塁手、二塁手へ打球が飛んだ場合

主に遊撃手が二塁に入った時の併殺プレイ。

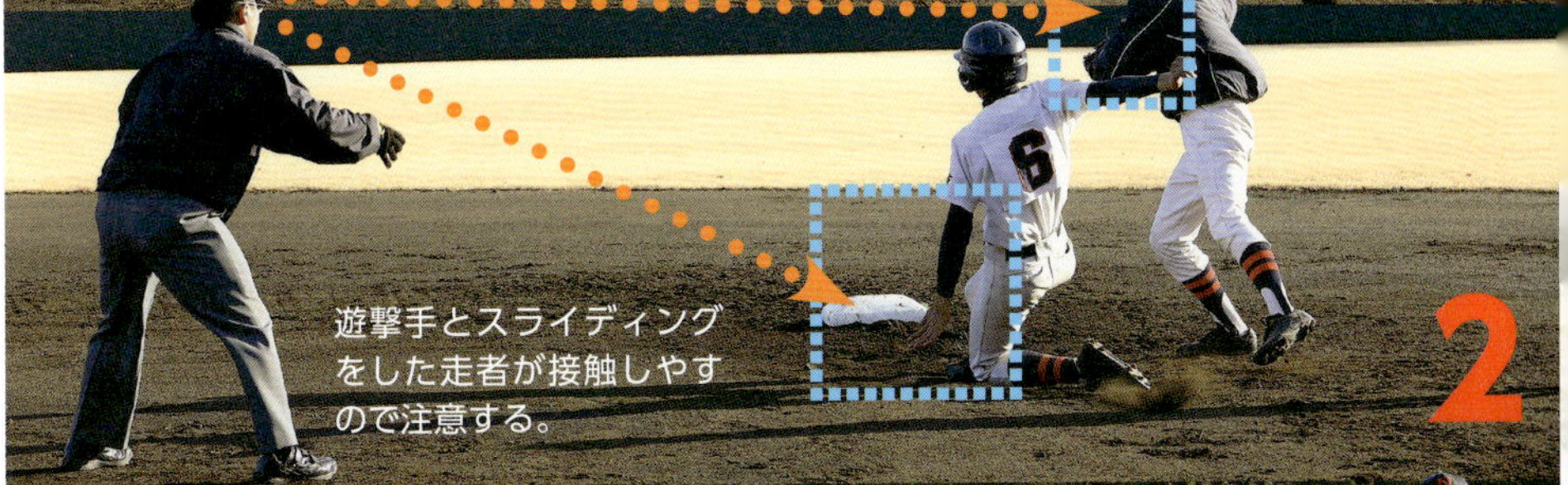

遊撃手とスライディングをした走者が接触しやすので注意する。

遊撃手がベースをしっかり踏んで捕球しているかを確認してジャッジする。

ここだけは覚えよう

急いでジャッジをしない

「セーフ！」はジャッジした直後に、コールに移ってもかまいません。しかし、「アウト！」のコールは、野手がボールを落とすことがあるので、一連のプレイが終わってからコールすることを心掛けます。

アウトになる①

アピールプレイの判定

DVD 37

空過に対するアピール
アウト！
ベースを踏んでいません

走者がベースを踏まずに通過した場合、野手は走者かベースにタッチして、審判員にアピールする。

投手が打者へ第一球を投げる前にする

アピールプレイとは、守備側チームが攻撃側チームによる規則に反した行為を指摘して、審判員に対してアウトを主張し、その承認を求める行為です。

よくアピールプレイが見られるのが、リタッチや塁の踏み忘れ（→P102）、オーバーラン（→P96）した打者走者の帰塁が遅い、タッチアップのタイミングが早い、などの場合があります。**アピールは、投手が打者へ第一球を投げる前に行われなければいけません。**

例えば、野手が相手チームの対象となる走者かベースにタッチし、タッチアップのタイミングが早かったと守備側チームの監督がアピールした場合、これを審判員が認めたら「アウト！」をコールします。これを**アピールアウト**といいます。

タッチアップに対するアピール

1

外野手の捕球より早く三塁走者がスタートを切る。

三塁ランナーのタッチアップが早いです
2

アピールは投手が第一球を投げる前に行われなければならない。

アウト！
3

塁審は野手のアピールを聞き取り、適切なジャッジを行う。

本塁を踏んでいません

三塁走者が本塁を踏まずにベンチへ

三塁走者が本塁を踏まずにベンチへ帰ってしまった場合。捕手は走者にタッチしなくても、本塁ベースにタッチしてアピールすれば、アピールアウトになる。

アウトになる②

インフィールドフライの判定

DVD 38

球審のジェスチャー
ACTION
右手を左胸に当てる。
1

インフィールドフライの可能性のある場面で、球審、塁審は右手を左胸に当てるシグナルを送り合う。球審は各塁審が見やすいポジションに立って行う。

2

打ち上げた飛球に対して、野手が普通にプレイをすれば捕れると球審が判断。

審判員は互いにシグナルを送る

無死または一死で、走者が一・二塁か満塁の時に、打者が打ったボールで、**野手が普通にプレイすれば捕れるフライをインフィールドフライといいます。**このルールは野手がわざとボールを落として、併殺プレイを狙う行為を防ぐためで、打った打者はアウトになります。

インフィールドフライの可能性がある時には、球審、塁審は右手を左胸に当てるシグナルを互いに送り合います。実際にボールが上がったら、**球審が打球を確認して、インフィールドフライになると判断したら、人差し指を飛球に向けて「インフィールドフライ！」、そして「バッターアウト！」とコールします。**

球審のコールに同調して、塁審は「インフィールドフライ！」とだけコールします。

インフィールドフライ！
3

右手の人差し指で飛球を指さし、「インフィールドフライ！」とコール。

バッターアウト！
JUDGE
飛球を追った野手には関係なくジャッジを行う。
4

球審だけが打者に対して「バッターアウト！」とコール。

塁審のジェスチャー

ACTION
右手を左胸に当てる。
1

インフィールドフライ！
2

塁審もシグナルを送り合う。飛球に近い塁審は野手の捕球を確認。走者のリタッチも確認する。

アウトになる③

故意落球の判定

DVD 39

故意落球のジェスチャー

1

1《ワン》アウト、走者一・三塁の場面。ライナーを野手がグラブに当てる。

そのまま地面にたたき落とし、複数のアウトを狙う。

2

故意落球と認めた球審は、両手を広げて「タイム！」とコール。

小フライやライナーも判定範囲に入る

故意落球《こいらっきゅう》はインフィールドフライの条件に走者一塁、一・三塁を加えた上で、フェアの飛球または直球（ライナー）に野手が片手または両手で触れてから、故意にボールを落とした場合です。打者はアウトになり、走者の進塁は認められません。この規則は、インフィールドフライの規定と同じように、守備側の容易な併殺プレイを防ぐためです。

実際に起きたら、球審が**「タイム！」をかけてから、故意落球をした野手を右手で指さし、「故意落球！」とコールしてから、打者走者に「バッターアウト！」を告げます。走者は投球時の元の塁に戻します。**

インフィールドフライは飛球のみですが、**故意落球は容易に捕球できるはずの飛球、またはライナーも判定の範囲内に入ります。**

故意落球！
ACTION
野手を指さす。
バッターアウト！

3 故意落球をした野手を指さし、「故意落球！」とコール。

4 打者走者に向かっては「アウト！」をコールする。

走者を元の塁に戻す

ランナー一塁！

塁審は進塁した走者を元の塁に戻す。

走塁妨害の判定

捕手による走塁妨害
2
タイム！
1
LOOK
塁線上に足を置いて走路をふさいでいないか見る。

球審は走塁妨害とジャッジしたら、両手を広げ「タイム」をかける。

走者が本塁へ向けて走ってくる時に、捕手が塁線上に足を置いてホームインの邪魔になっている。

DVD 40

走者の走路を妨害する行為

走塁妨害（オブストラクション）**とは、野手が走者の走路にいて妨害する行為**です。

例えば、本塁に走者が走りこんできた時に、ボールを持たない捕手が塁線上または塁上に足を置いて邪魔する場合です。

こうした場合、**審判員はその時点でタイムと同じジェスチャーで、「走塁妨害！」とコールします。占有していた塁より少なくとも1個先への進塁が許されます。**

また、適時打で既存の走者が本塁に向かい、ボールも本塁に返球されている時に、プレイの行われていない場所で打者走者が妨害を受けた場合もあてはまります。

ここで**塁審は走塁を妨害した野手を指さし、走塁妨害のシグナルを出します。この後、プレイがひと段落**

走塁妨害！
JUDGE
「走塁妨害！」とコールして、走者のホームインを認める。
3

捕手を指さし「走塁妨害！」とコールする。この場合はホームインできなかった走者の得点が認められる。

野手による走塁妨害
1
2
ACTION
妨害した野手を指さす。コールなし（ノーボイス）。

プレイが行われてないところで守備妨害があった場合。故意ではなくても、野手が走者の走塁の邪魔をすると走塁妨害になる。

してから「タイム！」をかけます。全審判員が集まって、その走者を先に進めるか、留めるかを協議して、判定を決めます。

ぶつかったら 守備妨害? 走塁妨害?

Umpire's Topic

「攻撃側チームのプレーヤー、ベースコーチまたはその他のメンバーは、打球あるいは送球を処理しようとしている野手の守備を妨げないように、必要に応じて自己の占めている場所(ダッグアウト内またはブルペンを含む)を譲らなければならない」と、公認野球規則7.11には「守備側の権利優先」が定められています。

「走者を除く攻撃側チームのメンバーが、打球を処理しようとしている野手の守備を妨害した場合はボールデッドとなって、打者はアウトとなり、すべての走者は投球当時に占有していた塁に戻る」とまで記されています(送球を処理しようとしている場合も同様の定め)。

つまり、例えば次打者がネクストバッターズサークルに数本のバットなどを持ち込んでいる場合は、捕手がファウルフライを追うときの妨げになりかねません。

審判員が気づいたら、早めに注意しましょう。

ネクストバッターズサークルにいる選手も、打者、走者と同じ立場。バットを持ち込むなどしてファウルフライを追う捕手のジャマになると、「守備妨害」とされる。

Part 7

展開に応じたフォーメーション

4人制メカニクス

ローテーションのシグナル
ACTION
両手の人差し指を下に向ける。
ACTION
両手の人差し指を「ステイ」する審判員に向ける。

ローテーションの可能性がある場合、審判員はお互いにシグナルを出して確認する。
得点の可能性がある場合は、球審は本塁を動かないという「ステイ」のシグナルを出す。

審判員同士が連動して塁をフォローする

　この章では、打球に対して実際に各審判員がどのように動くのか、動きの構造（メカニクス）を紹介します。**打球方向、走者の有無によって、審判員同士が連動して塁をフォローしながら（ローテーション）、目の前のプレイをジャッジします。**自分の経験したポジションの動きを振り返ったり、やってみたいポジションの動きを確認したりしましょう。

　また、ジャッジの難しい打球として**トラブルボール**と呼ばれているものがあります。❶**ライト線またはレフト線寄りの打球。**❷**外野手が前進して地面すれすれで捕る打球。**❸**外野手が背走するフェンス際の打球。**❹**野手が集まる打球。**このような打球に対して審判員は、見やすい角度でなるべく近づいて、ジャッジをするよう心がけます。

Part7のグラウンド図の見方

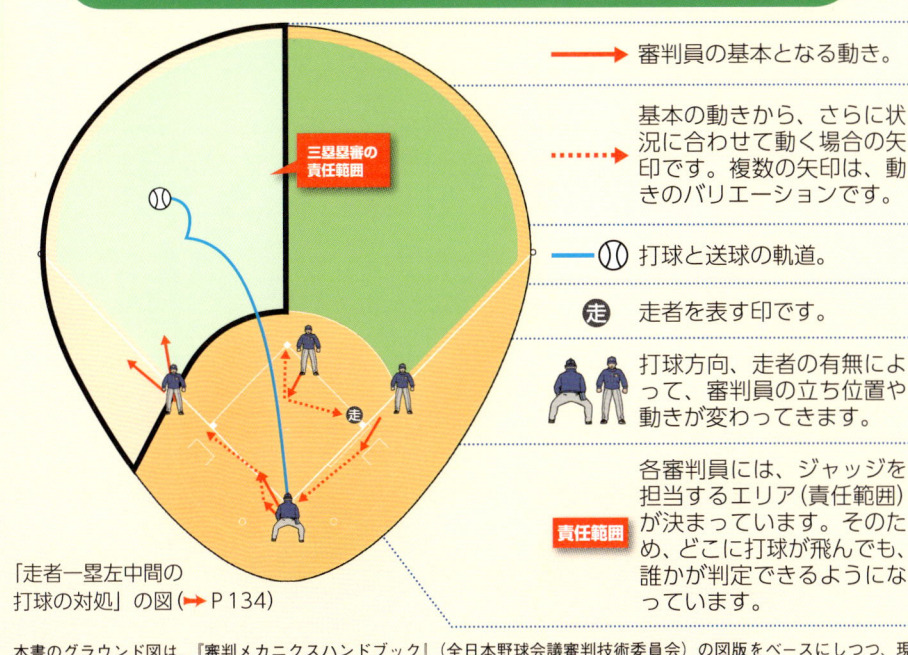

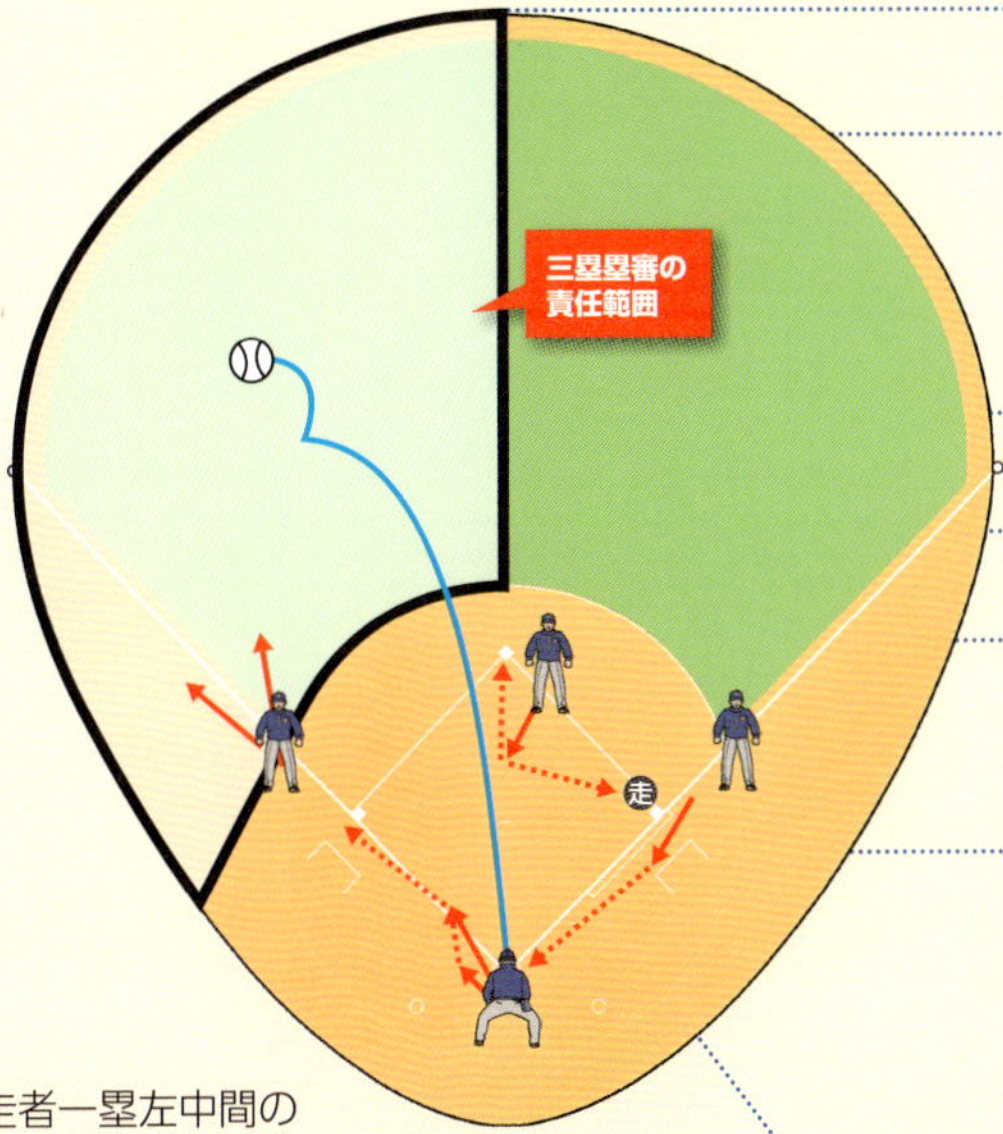

「走者一塁左中間の
打球の対処」の図(→P 134)

- 審判員の基本となる動き。
- 基本の動きから、さらに状況に合わせて動く場合の矢印です。複数の矢印は、動きのバリエーションです。
- 打球と送球の軌道。
- 走 走者を表す印です。
- 打球方向、走者の有無によって、審判員の立ち位置や動きが変わってきます。
- 責任範囲 各審判員には、ジャッジを担当するエリア(責任範囲)が決まっています。そのため、どこに打球が飛んでも、誰かが判定できるようになっています。

本書のグラウンド図は、『審判メカニクスハンドブック』(全日本野球会議審判技術委員会)の図版をベースにしつつ、現役の審判員に実際に試してもらった時の動きを参考にして、図にしました。実戦では、ボールが飛ぶ方向、野手の守備や捕球の位置、走者の走行スピードに加え、試合展開や審判員の脚力によっても、動き方に違いが出てきます。本書の図の動きを一つの目安にして、状況に応じた動きを心掛けましょう。そうしたことから、本誌の図とDVDの動きに一部違う部分もありますが、動きの基本は同じです。

トラブルボール

野手が捕ったのか捕れなかったのか、フェアだったのかファウルボールだったのか、判定が難しい4つの打球をいいます。塁審はプレイに近づきながら、見やすい角度を抑え、ジャッジする時は必ず静止して行います。

❶ライト線またはレフト線寄りの打球。

❷外野手が前進して地面すれすれで捕る打球。

❸外野手が背走するフェンス際の打球。

❹野手が集まる打球。

無走者での動き

DVD 41

二塁ゴロの打球への対処

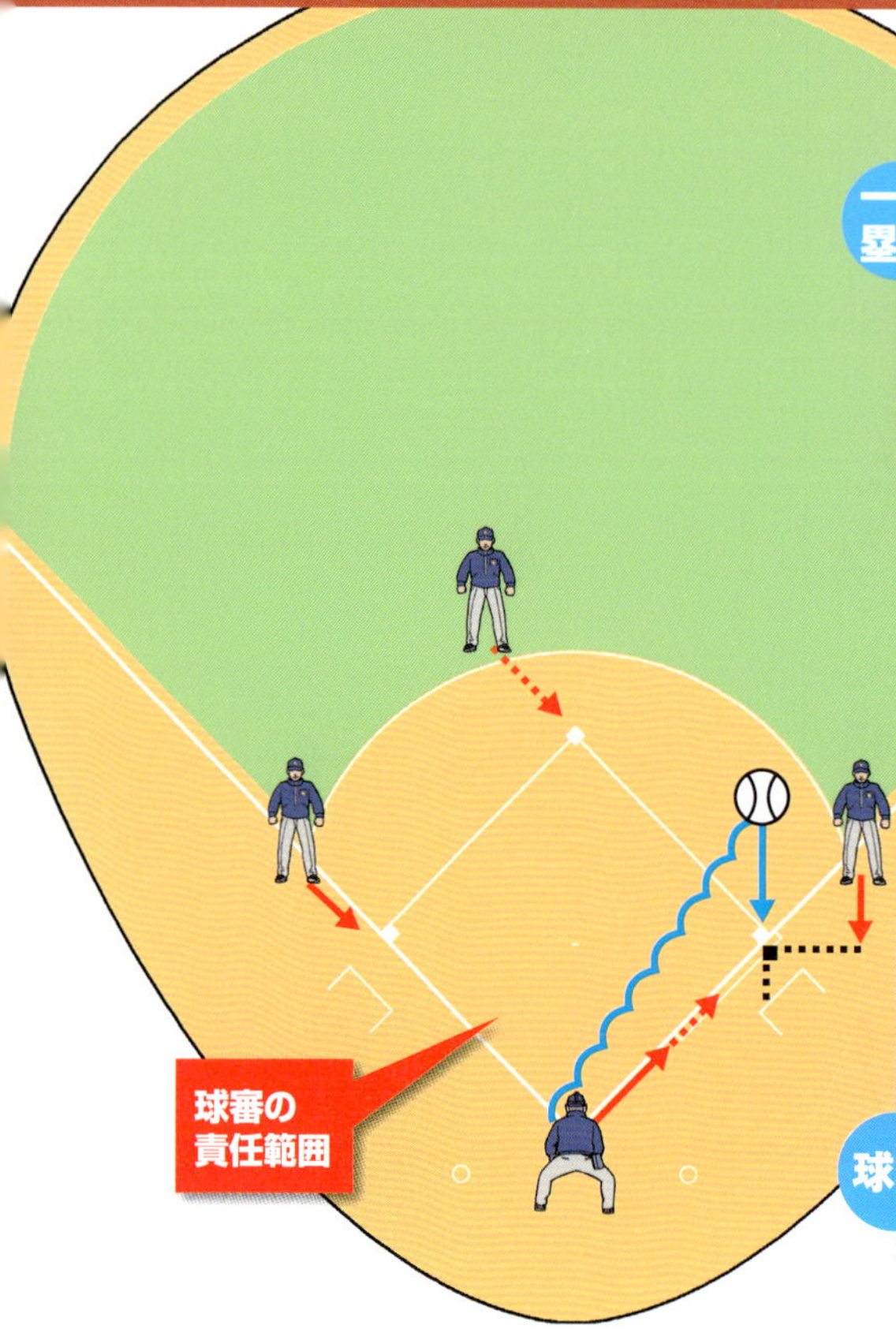

アウト、セーフのジャッジをしてコール。

打者走者の後方につく。

球審	打者走者の後方を 45 フィート(約 13.7 メートル)近くまで走る。走路を正しく走っているか確認。
一塁塁審	野手の送球に対して 90 度の位置に移動。一塁でのプレイに対してジャッジを行う。
二塁塁審	二塁でのプレイに備える。
三塁塁審	三塁でのプレイに備える。

ここだけは覚えよう 45フィート地点あたりまで行く

45 フィート地点とは、本塁からスリーフットレーンが始まる手前までをいいます。球審は打者走者がスリーフットレーン内を走っているかファウルラインを確保して確認します。

レフトライン際への打球の対処

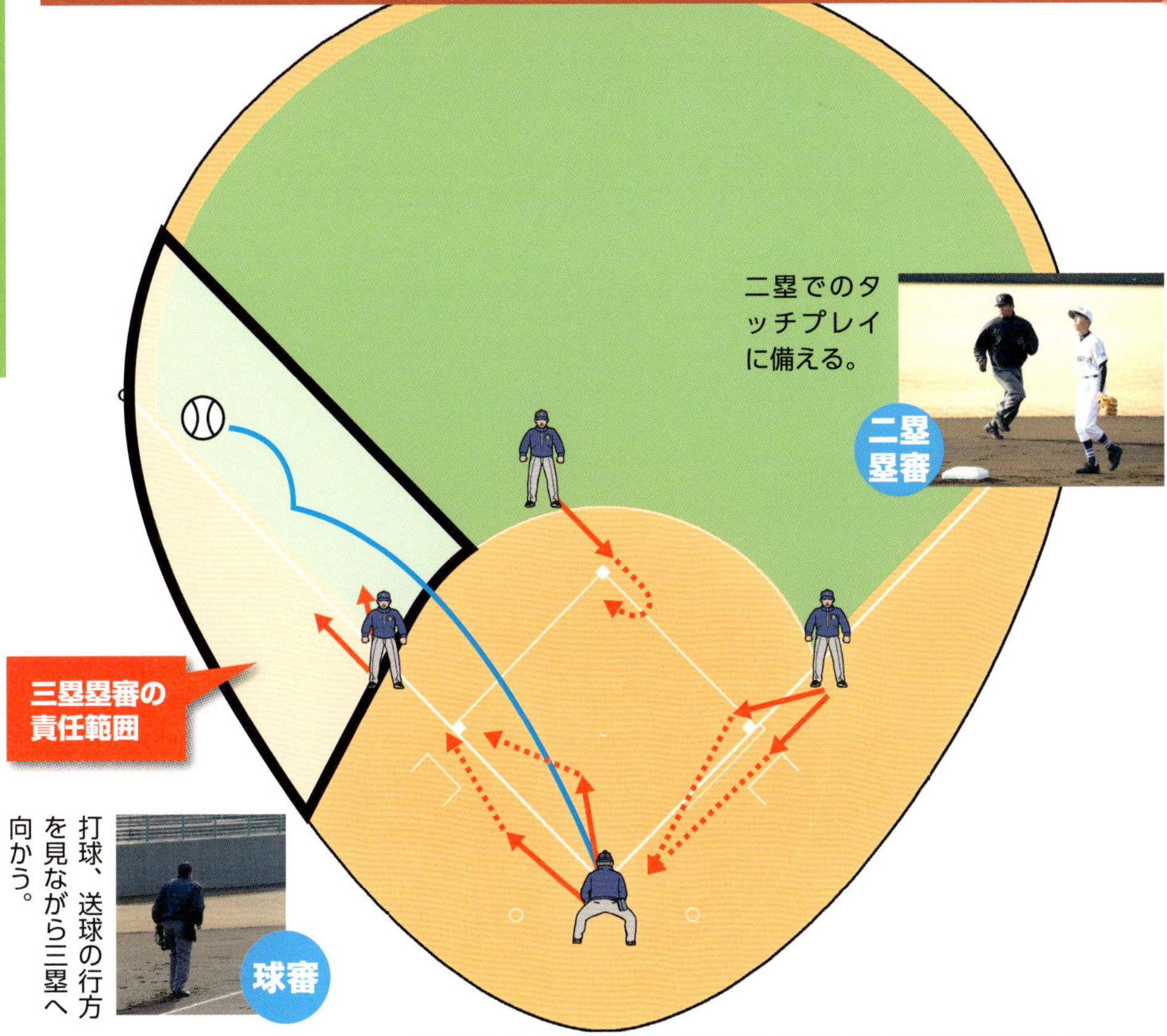
二塁でのタッチプレイに備える。
二塁塁審
三塁塁審の責任範囲
打球、送球の行方を見ながら三塁へ向かう。
球審

球審	空いた三塁をカバーするため、三塁でのプレイに備える。
一塁塁審	打者走者の一塁触塁を見る。単打の場合は帰塁の時のタッチプレイに注意する。
二塁塁審	二塁でのプレイに備える。判定の難しいクロスプレイになることが多いので、早めに見やすいよいポジションをとる。
三塁塁審	外野への打球を追い、フェアかファウルボールのジャッジ、キャッチかノーキャッチかの打球判定を行う。

ここだけは覚えよう

クロックワイズでフォロー

レフトライン際への打球では打者走者が三塁へ向かう可能性もあります。球審はプレイに備えるため三塁へ、一塁塁審は本塁へ向かいます。時計回りにそれぞれの塁をフォローするフォーメーションをクロックワイズといいます。

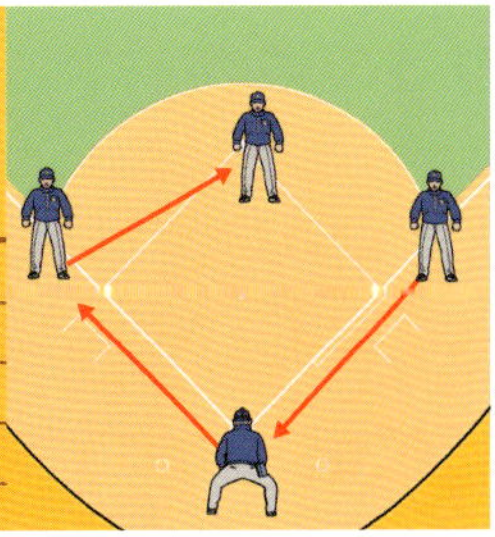

ライトライン際の打球への対処

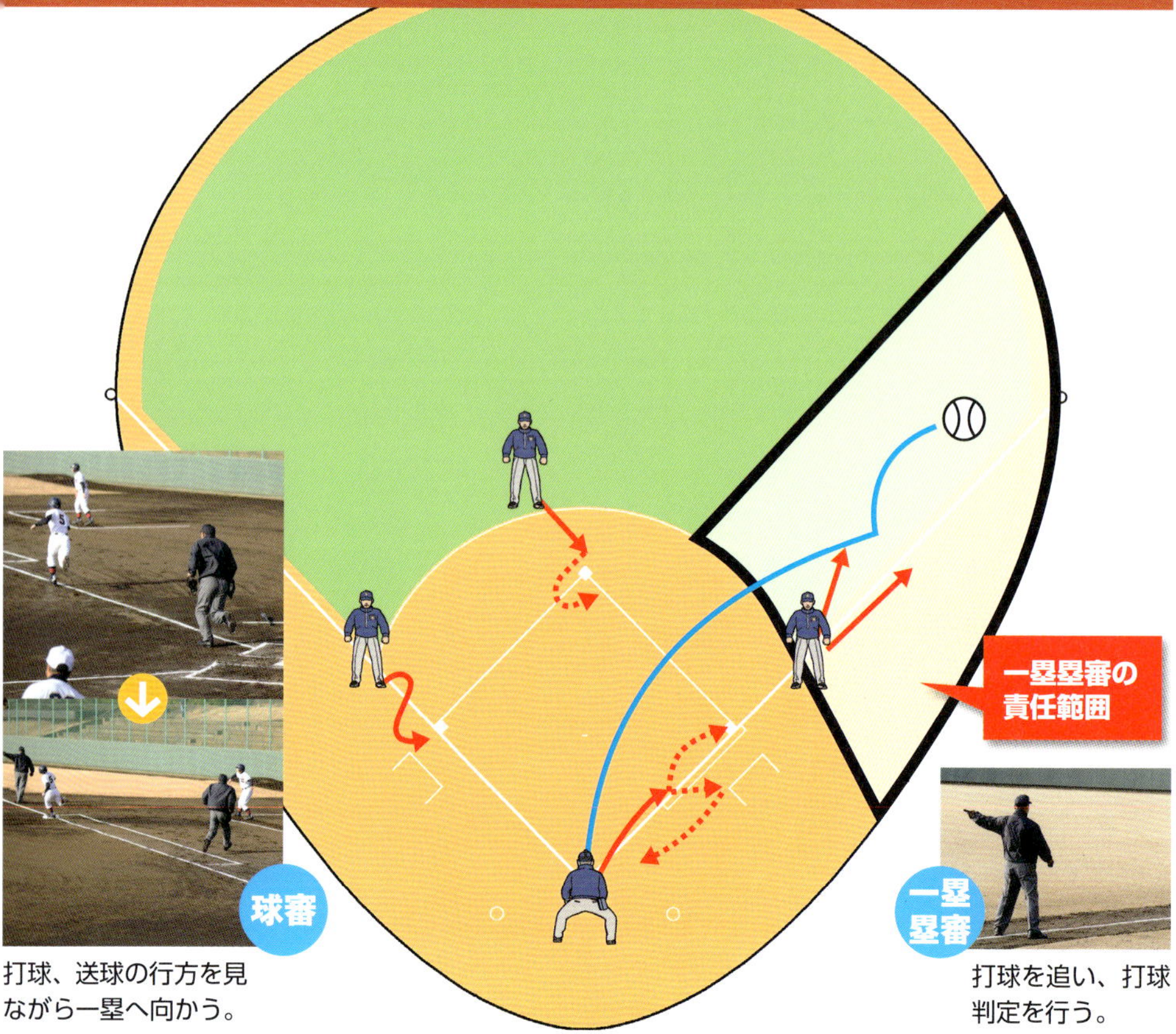

打球、送球の行方を見ながら一塁へ向かう。

打球を追い、打球判定を行う。

球審	空いた一塁をカバーするために打者走者の一塁触塁を見る。打者走者が二塁を回ったら、本塁でのプレイに備える。
一塁塁審	外野の打球を追ってボールの方向を確認する。フェアのジャッジをしたら、プレイが落ち着くまでその場に留まる。
二塁塁審	二塁でのプレイに備える。打者走者が二塁に到達したら触塁を見る。
三塁塁審	三塁でのプレイに備える。

ここだけは覚えよう

球審は一塁から本塁へ戻る

ライトライン際への打球は、三塁打になる可能性もあります。球審は打者走者が二塁を回ったら一塁から本塁へ戻ります。三塁への送球が悪送球になった場合、本塁でジャッジをする必要があるからです。球場の広さや選手の足の速さも頭に入れて動きましょう。

左中間の打球への対処

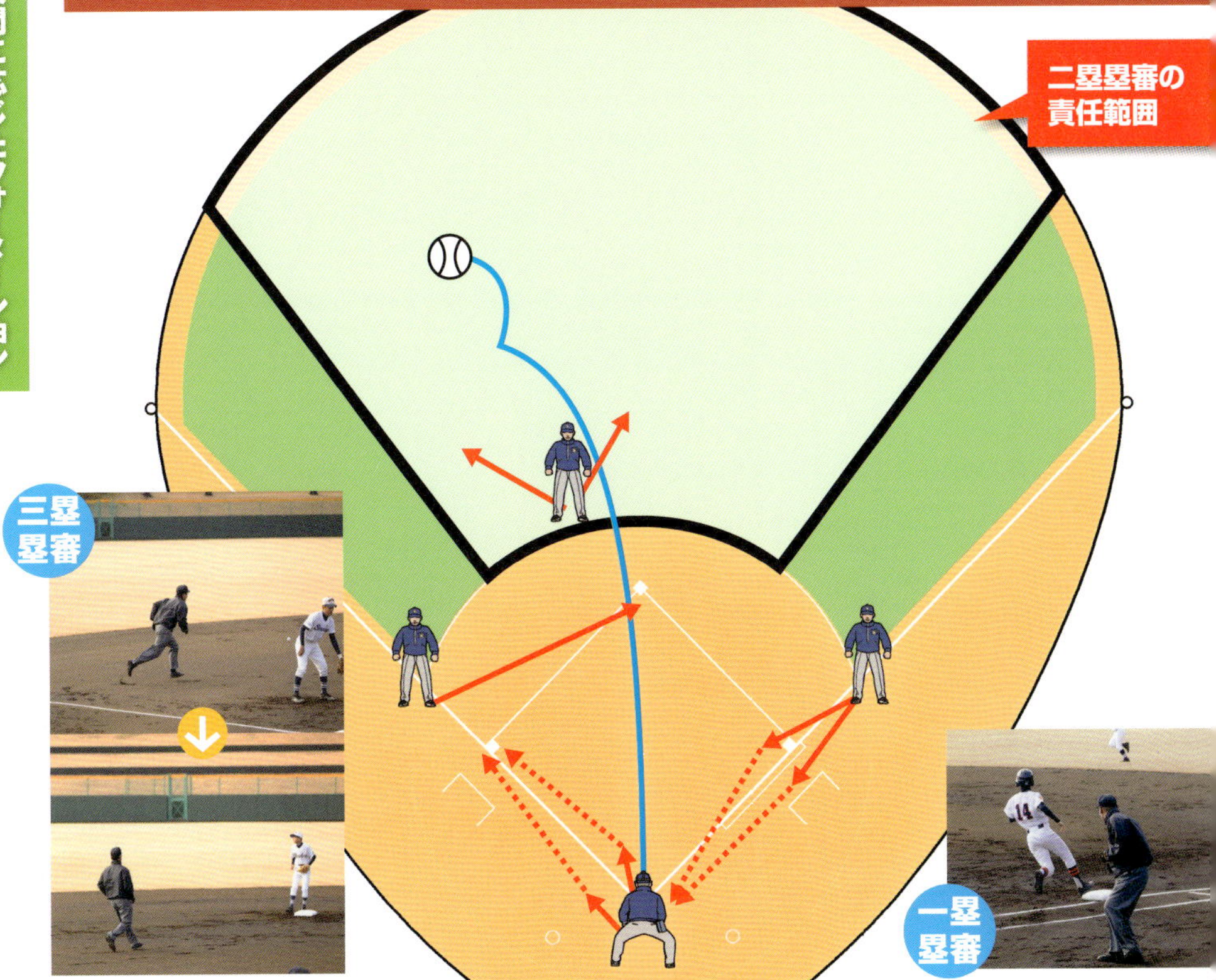

二塁ベース手前まで移動する。

打者走者の触塁を確認する。

球審	三塁でのプレイに備える。
一塁塁審	打者走者の一塁触塁を見る。打者走者が二塁に向かい、球審が三塁に移動したら、本塁でのプレイに備える。
二塁塁審	打球を追い、プレイが落ち着くまでその場に留まる。
三塁塁審	空いた二塁のカバーするために二塁でのプレイに備える。打者走者が二塁を回ったら触塁を見る。

ここだけは覚えよう　プレイを迎える形で待つ

三塁塁審は二塁でのプレイに備えて、二塁ベース手前まで移動します。ジャッジするポジションまで素早く移動し、プレイを迎える形で待つようにします。走者、野手の送球のスピード感についていくために審判員はプレイの予測も必要です。

走者一塁での動き

DVD 42

左中間の打球への対処

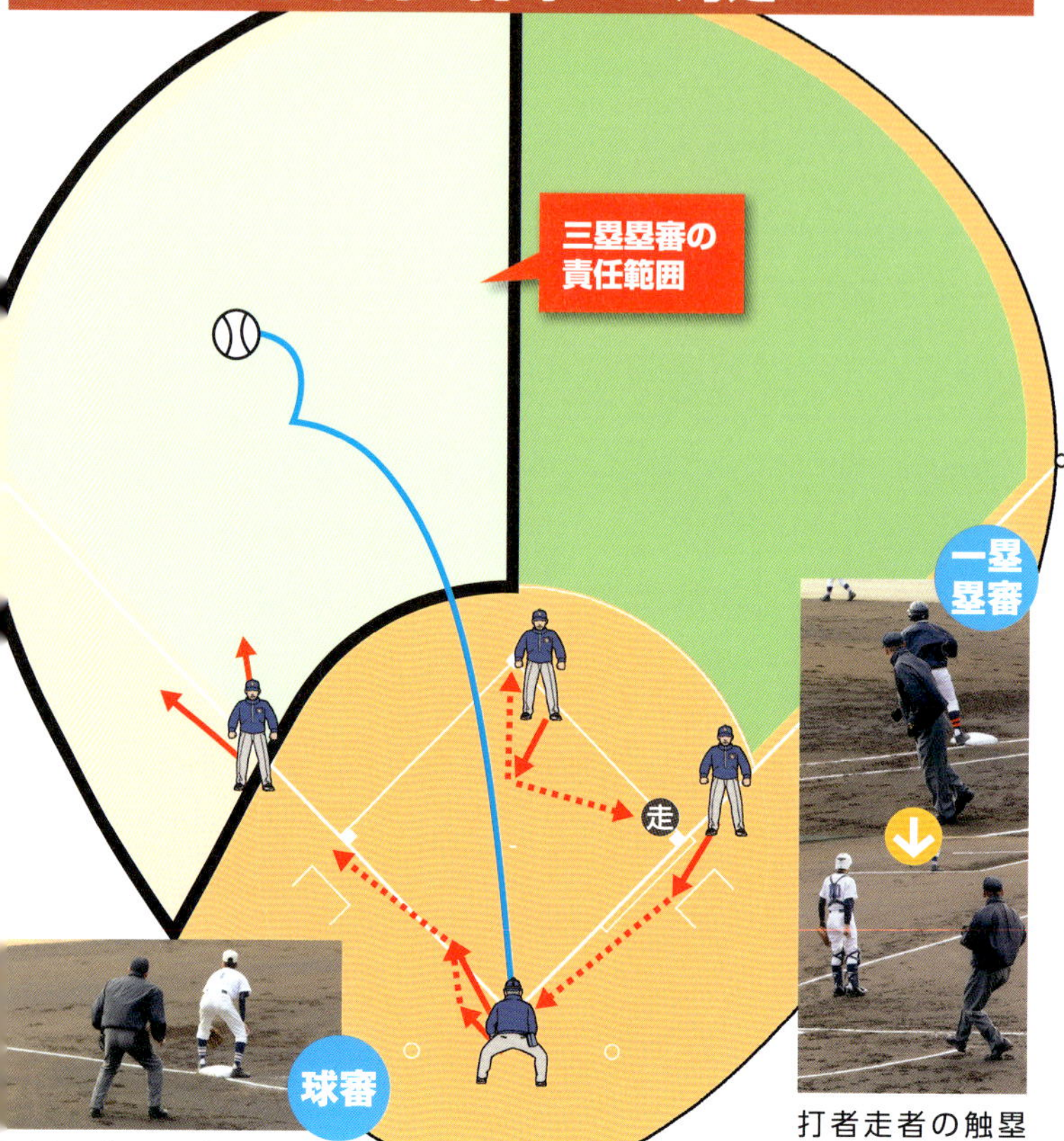

三塁のプレイに備える。

打者走者の触塁を確認する。

球審	空いた三塁をカバーするために三塁でのプレイに備える。
一塁塁審	打者走者の一塁触塁を確認してから本塁のプレイに備える。
二塁塁審	一塁走者の二塁触塁を確認し、一・二塁でのプレイなどに備える。
三塁塁審	打球を追い、プレイが落ち着くまで、その場に留まる。

ここだけは覚えよう

二塁塁審は内野内へ

走者が出たら、二塁塁審は内野内に入ります。これは盗塁や併殺プレイのジャッジをしやすくするためです。守備や送球をする内野手の邪魔にならないようなポジショニング、動きを心がけます。

右中間の打球への対処

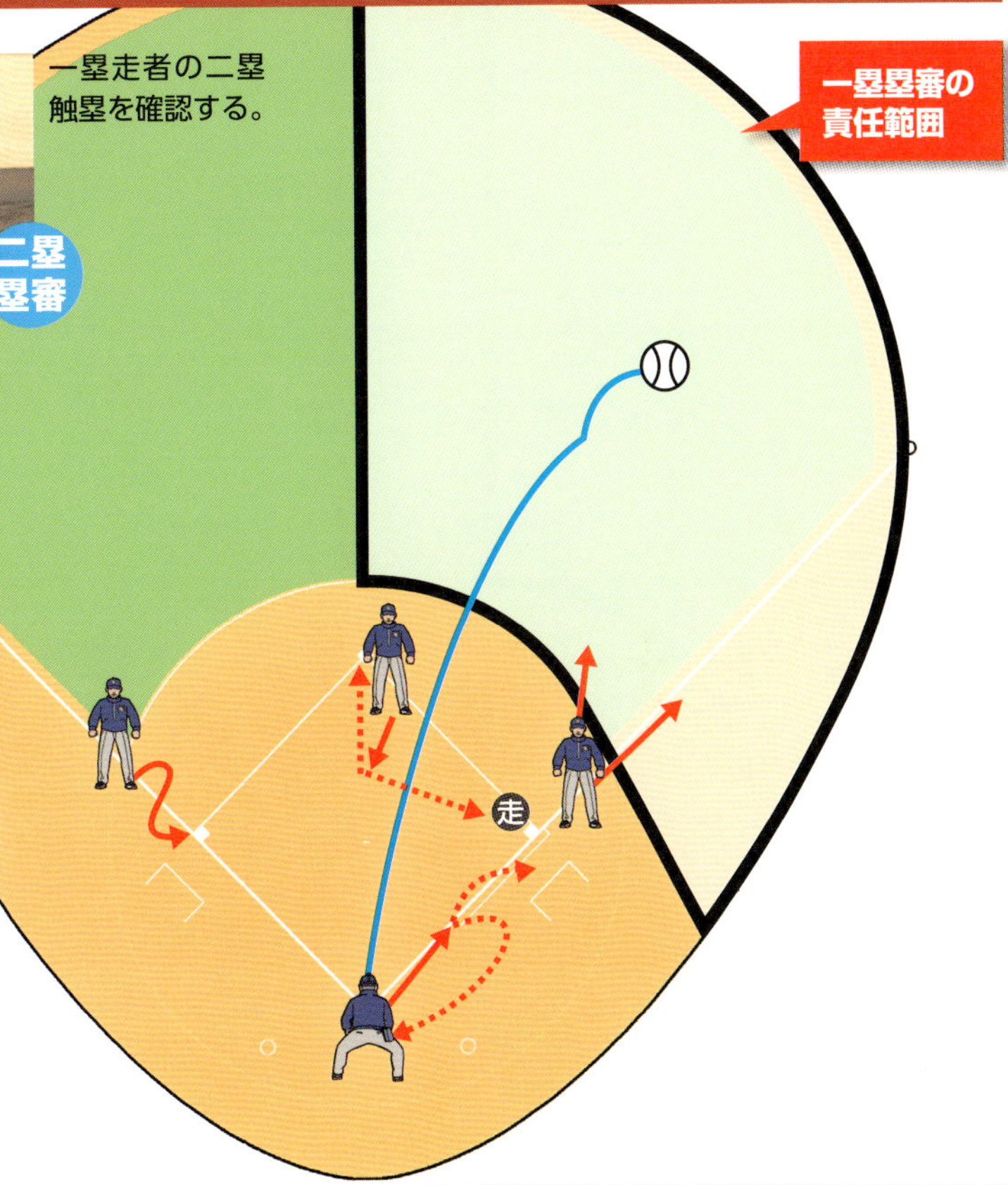

一塁走者の二塁触塁を確認する。

飛球が捕球された場合は一塁走者のタッチアップ、帰塁するプレイもジャッジする。

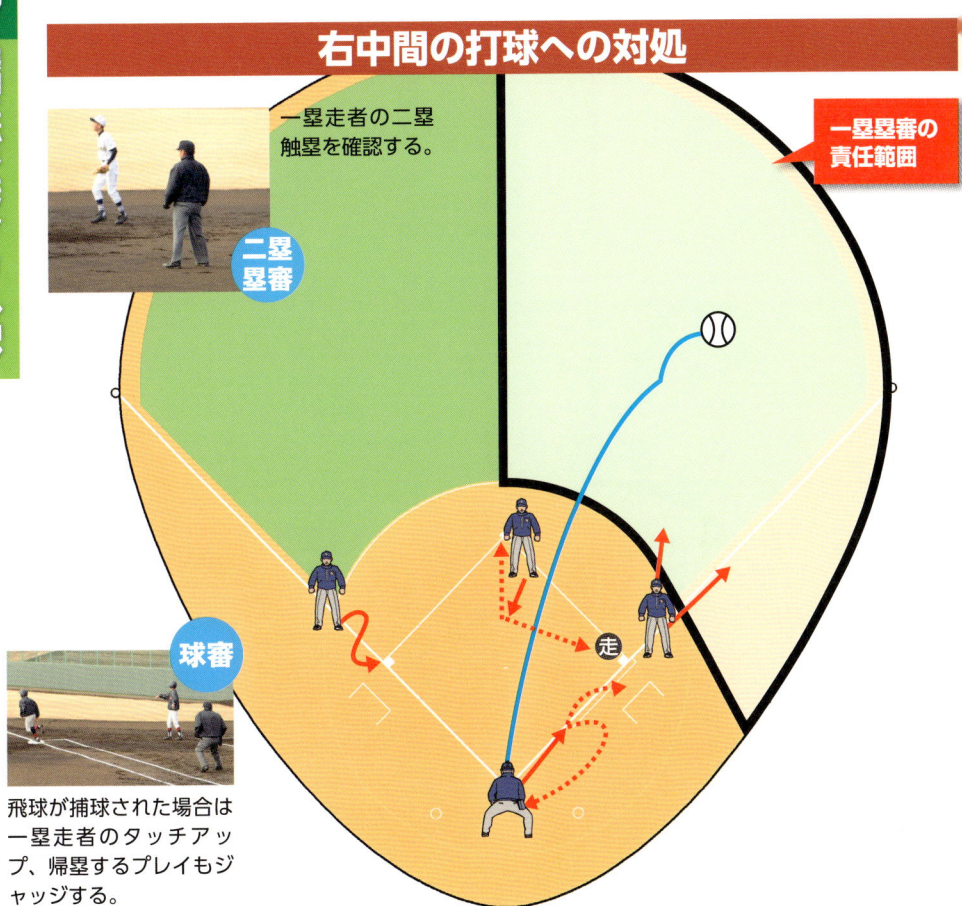

球審	空いた一塁をカバーするために打者走者の一塁触塁を見る。
一塁塁審	打球を追い、プレイが落ち着くまでその場に留まる。
二塁塁審	ステップバックで一塁走者の二塁触塁を見るなど、一・二塁のプレイに備える。
三塁塁審	三塁でのプレイに備える。

ここだけは覚えよう　一気に本塁突入の可能性もある

右中間深くへの打球の場合は、一塁走者の進塁のパターンが多くなります。飛球が捕球されたらタッチアップ、打球がフェンスまで達すれば二塁を回って三塁、本塁へと向かう可能性があります。特に球審は一塁から本塁へ戻るタイミングを見極める必要があります。

走者二塁での動き

DVD 43

レフトの打球への対処

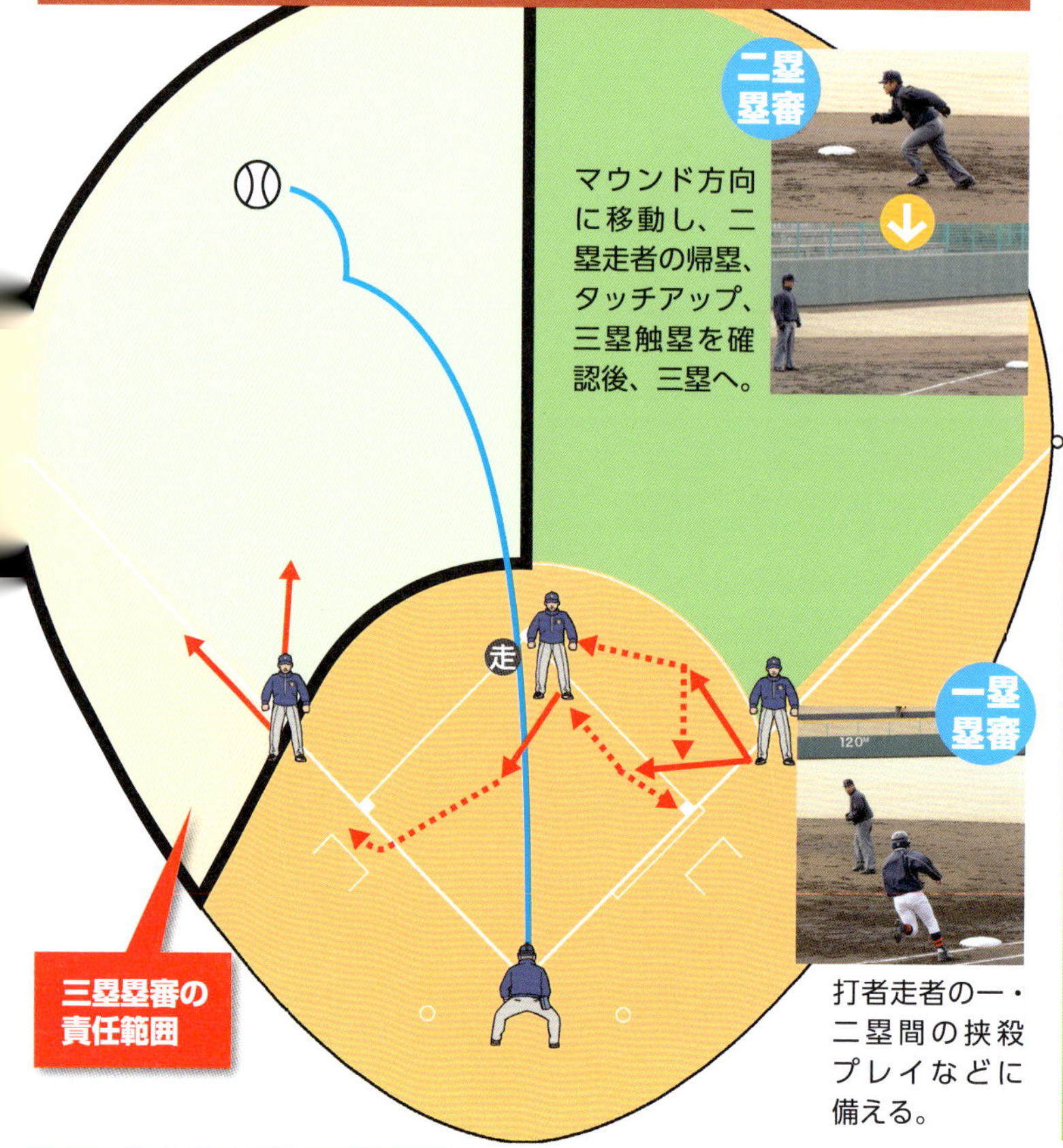

マウンド方向に移動し、二塁走者の帰塁、タッチアップ、三塁触塁を確認後、三塁へ。

打者走者の一・二塁間の挟殺プレイなどに備える。

球審	本塁でのプレイに備える。
一塁塁審	二塁へ駆け寄りながら打者走者の触塁を確認し、一・二塁でのプレイに備える。
二塁塁審	二塁走者の三塁触塁を確認後、三塁へ。
三塁塁審	打球を追い、プレイが落ち着くまで、その場に留まる。

ここだけは覚えよう　リミング

一塁塁審が一・二塁間を結ぶラインの外側から沿うように走り、一・二塁のプレイに備える動きをいいます。走者二塁、三塁、走者一・二塁、走者一・三塁、走者二・三塁、走者満塁で、センターから左側の外野飛球を三塁塁審または二塁塁審が追った場合に行います。

右中間の打球への対処

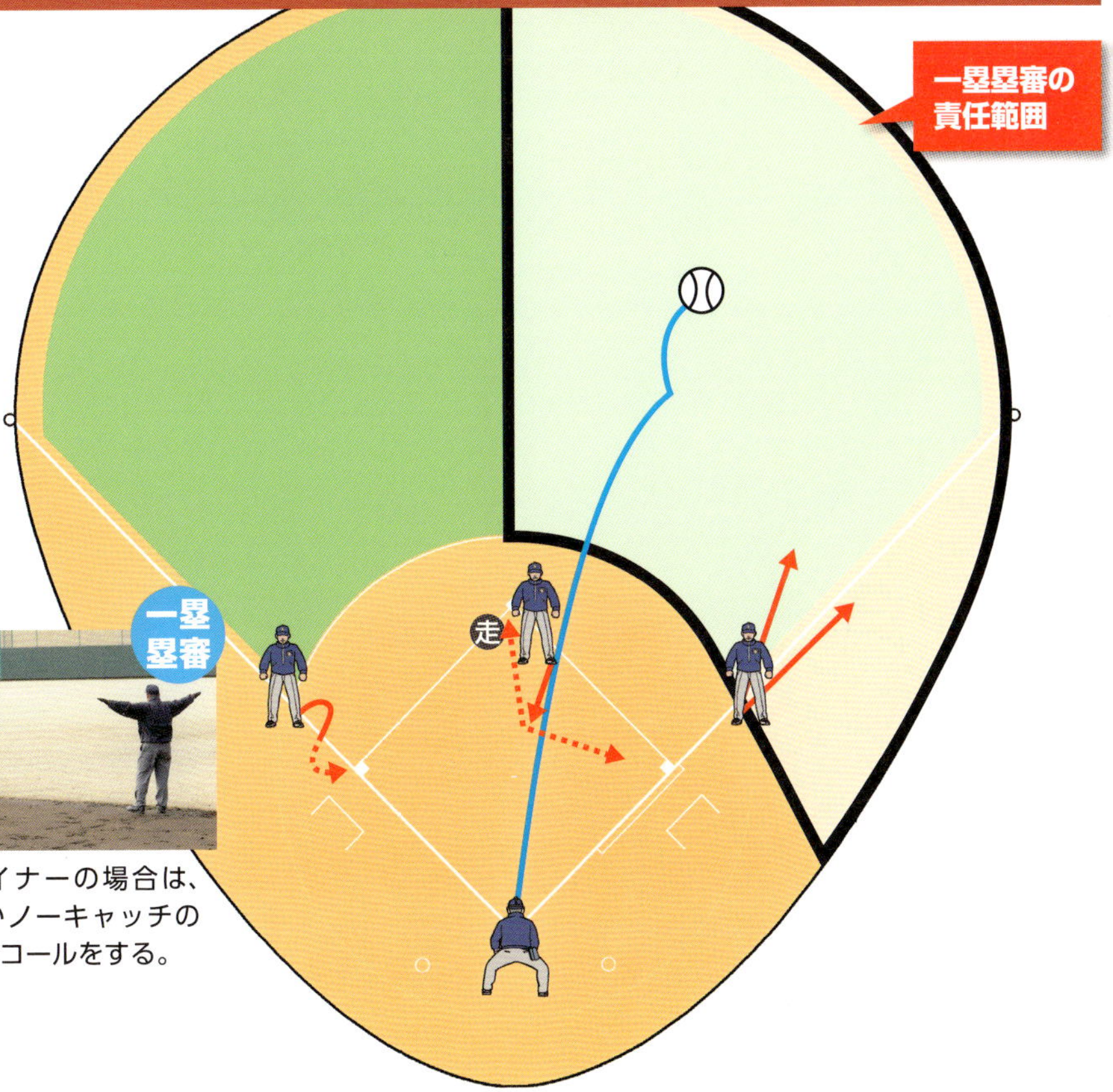

飛球やライナーの場合は、キャッチかノーキャッチのジャッジとコールをする。

球審	本塁でのプレイに備える。
一塁塁審	打球を追い、プレイが落ち着くまでその場に留まる。
二塁塁審	打者走者の一塁触塁を確認し、一・二塁でのすべてのプレイに備える。
三塁塁審	三塁のプレイに備える。飛球の場合はタッチアップの可能性がある。

ここだけは覚えよう　球審はステイ

スコアリングポジションに走者が出た時点で、球審は各塁審に左右の人差し指で真下を指さし「ステイ」のサインを送ります。球審は基本的に他の塁へ移動しないことをあらわすサインです。得点に関わる本塁でのプレイに備えるためです。

走者三塁での動き

DVD 44

（DVD 未収録：三塁塁審が打球を追うパターン）

レフトの打球への対処

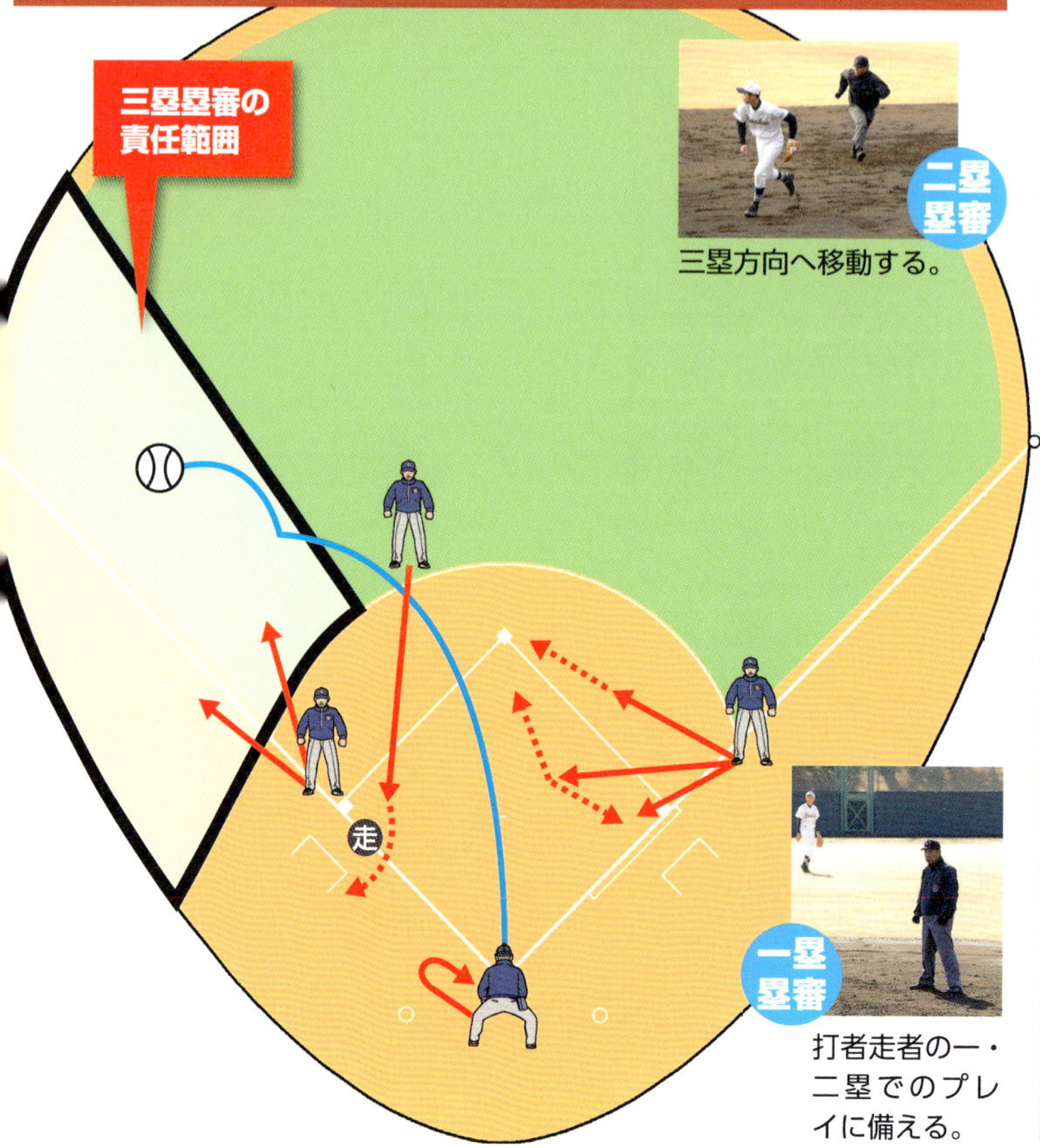

三塁方向へ移動する。

打者走者の一・二塁でのプレイに備える。

球審	本塁のプレイに備える。
一塁塁審	打者走者の触塁を見たら、二塁へ駆け寄りながら一・二塁のプレイに備える。
二塁塁審	三塁方向へ移動し、三塁のプレイに備える。
三塁塁審	打球を追い、ボールの行方を確認。

ここだけは覚えよう

タッチアップの確認

レフトへの打球の場合、三塁塁審は外野手の捕球を確認します。そこで三塁走者のタッチアップの確認は球審が行います。前頁と同様に、球審は他の塁へ移動しません。本塁前方から角度をつけて三塁走者、野手の捕球を見ます。触塁同様、距離があっても、確認ができます。

右中間の打球への対処

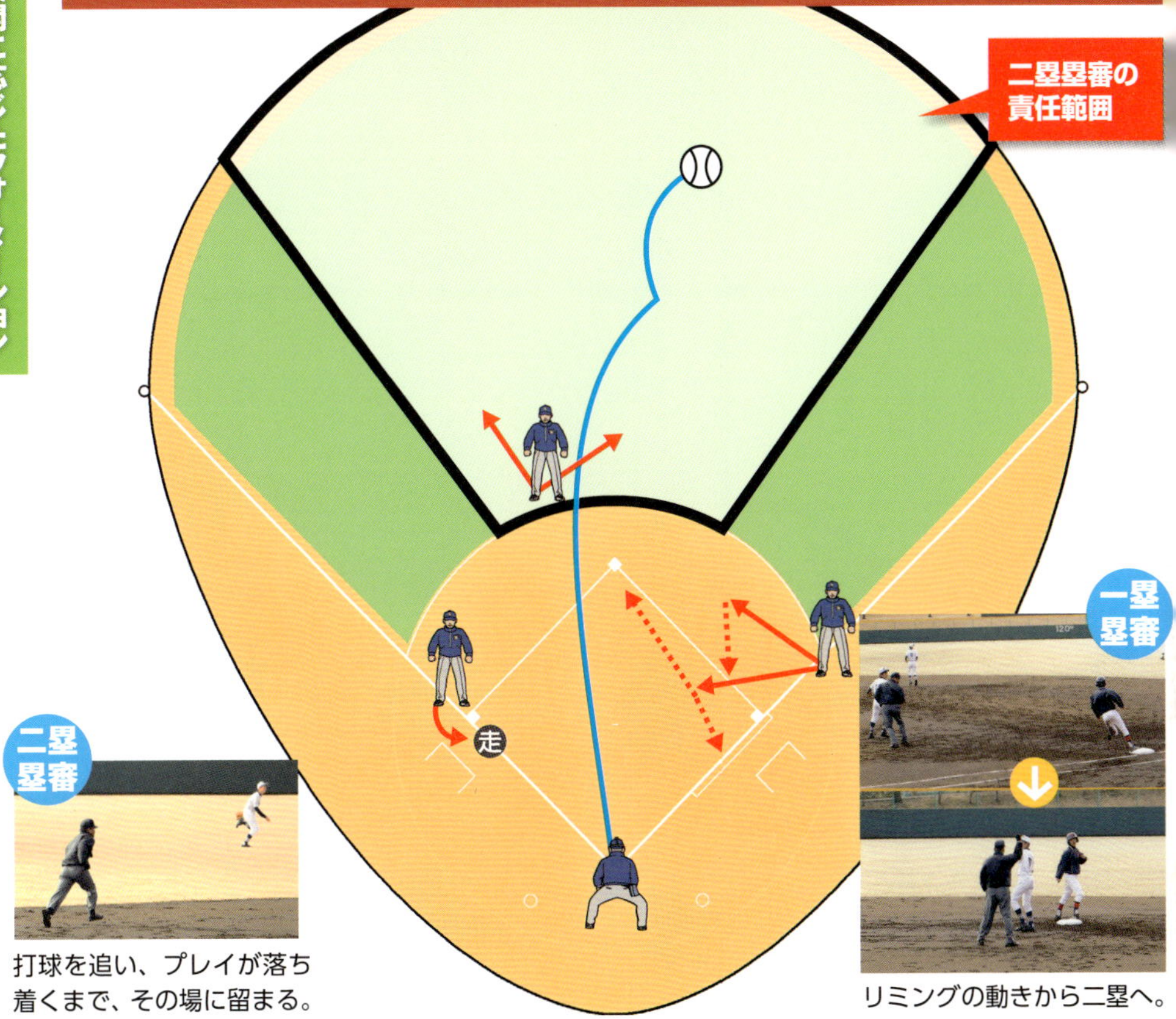

打球を追い、プレイが落ち着くまで、その場に留まる。

リミングの動きから二塁へ。

球審	本塁でのプレイに備える。
一塁塁審	打者走者の一塁触塁を確認後、一・二塁のプレイに備える。
二塁塁審	打球を追う。深い飛球の場合は見やすい角度から、手前で止まってジャッジする。
三塁塁審	三塁でのプレイに備える。飛球の場合は三塁走者のタッチアップの確認をする。

ここだけは覚えよう

必ず止まってジャッジ

左中間、右中間への深い飛球の場合、二塁塁審は外野手と同じように長い距離を追う必要はありません。走りながらでは目線がぶれて、正しく見ることができないからです。「ここからならば捕球を確認できる」という位置で止まり、ジャッジの姿勢をとるようにします。

※DVD「走者三塁、レフトの打球」では、二塁塁審が打球を追っていますが審判員のフォーメーションはこのページで紹介する動きと基本は同じです。

走者一・二塁での動き

DVD 45

左中間の打球への対処

二塁塁審
マウンド方向へ移動
してから三塁へ。
一塁塁審
リミングによって
二塁へ。
走
走
三塁塁審の
責任範囲

球審	本塁でのプレイに備える。
一塁塁審	一塁走者のタッチアップまたは二塁触塁、打者走者の一塁触塁を見る。
二塁塁審	二塁走者の二塁への帰塁、タッチアップまたは二塁走者の三塁触塁を見る。
三塁塁審	打球を追い、プレイが落ち着くまで、その場に留まる。

ここだけは覚えよう

レフト方向への打球は忙しい

上の図を見ても分かるように、一塁塁審、二塁塁審は動きが多くなります。それぞれ受け持ちの塁の確認と先の塁をフォローする必要があるからです。走者を追いかけるような形になりますが、最短距離で移動し、待ち構えてジャッジすることを心がけます。

右中間の打球への対処

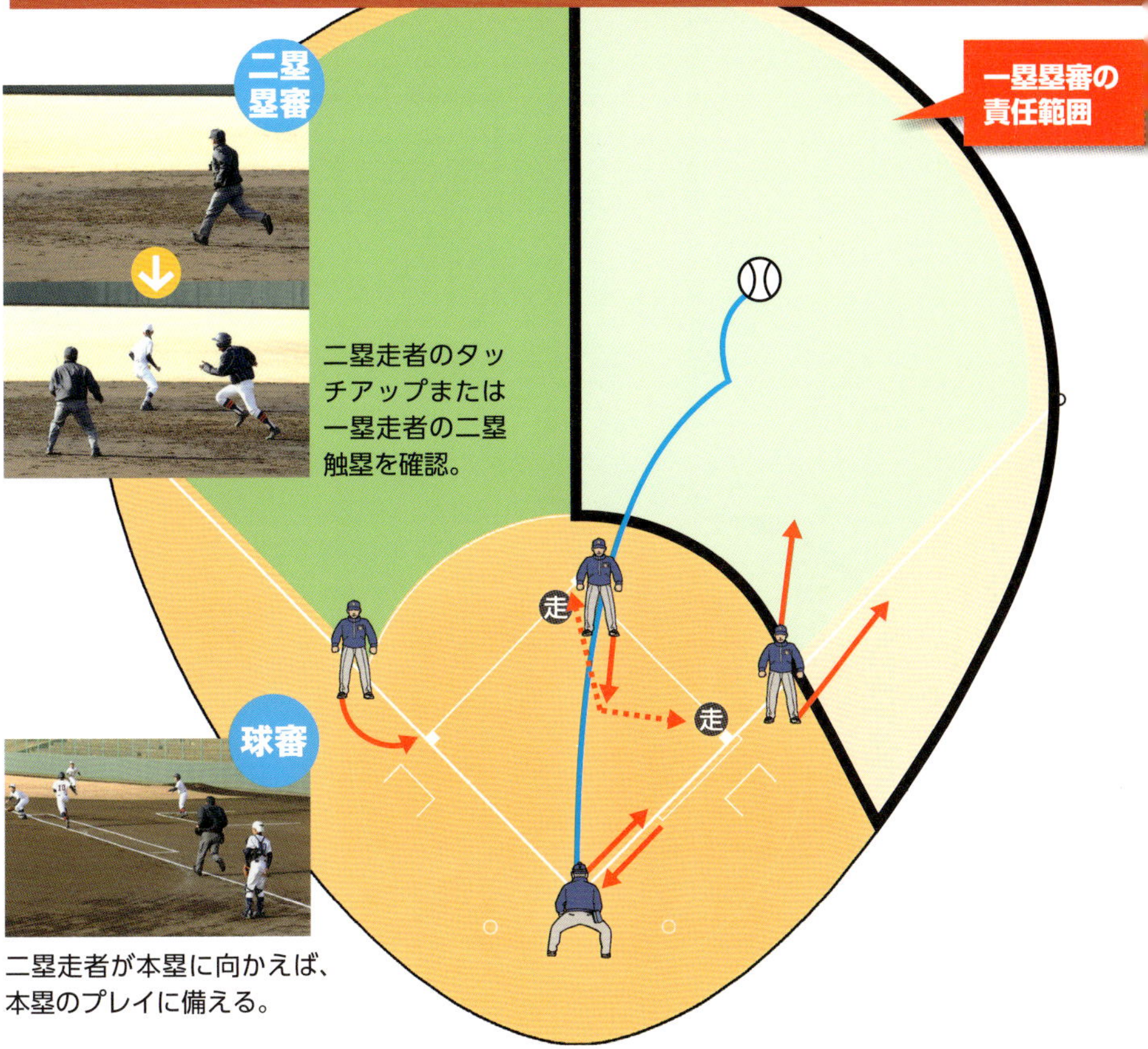

二塁走者のタッチアップまたは一塁走者の二塁触塁を確認。

二塁走者が本塁に向かえば、本塁のプレイに備える。

球審	一塁走者のタッチアップまたは打者走者の一塁触塁を確認。
一塁塁審	打球を追い、プレイが落ち着くまでその場に留まる。
二塁塁審	一塁走者および打者走者の一・二塁でのプレイに責任を持つ。
三塁塁審	三塁でのプレイに備える。

ここだけは覚えよう

二塁走者と一塁走者を続けて見る

この打球のフォーメーションでは、二塁塁審は二塁走者と一塁走者を続けて見ることになります。このように視野を広げるため、いくつかのポイントに目線を合わせながら後ろに下がることを「ステップバック」といいます。特に二塁塁審に多く使われる動きです。

走者一・三塁での動き

DVD 46

レフトの打球への対処

走
走
三塁塁審の
責任範囲
一塁
塁審
二塁
塁審

リミングで二塁へ。

マウンド方向へ寄って
目線は三塁、二塁の順。

球審	飛球ならば、三塁走者のタッチアップを確認し、本塁でのプレイに備える。
一塁塁審	一塁走者のタッチアップ、打者走者の一塁触塁を見る。
二塁塁審	三塁走者の帰塁および、一塁走者の二塁触塁を見る。二･三塁のプレイに備える。
三塁塁審	打球を追い、プレイが落ち着くまで、その場に留まる。

ここだけは覚えよう

二塁塁審は二塁と三塁の両方に目を配る

二塁塁審はまず二・三塁間のマウンド方向に寄り、打球がライナー性ならば三塁でフォースプレイの可能性があるので、三塁を見ます。打球が安打になったら、一塁走者の二塁触塁を確認してから三塁に向かい、タッチプレイに備えます。

右中間の打球への対処

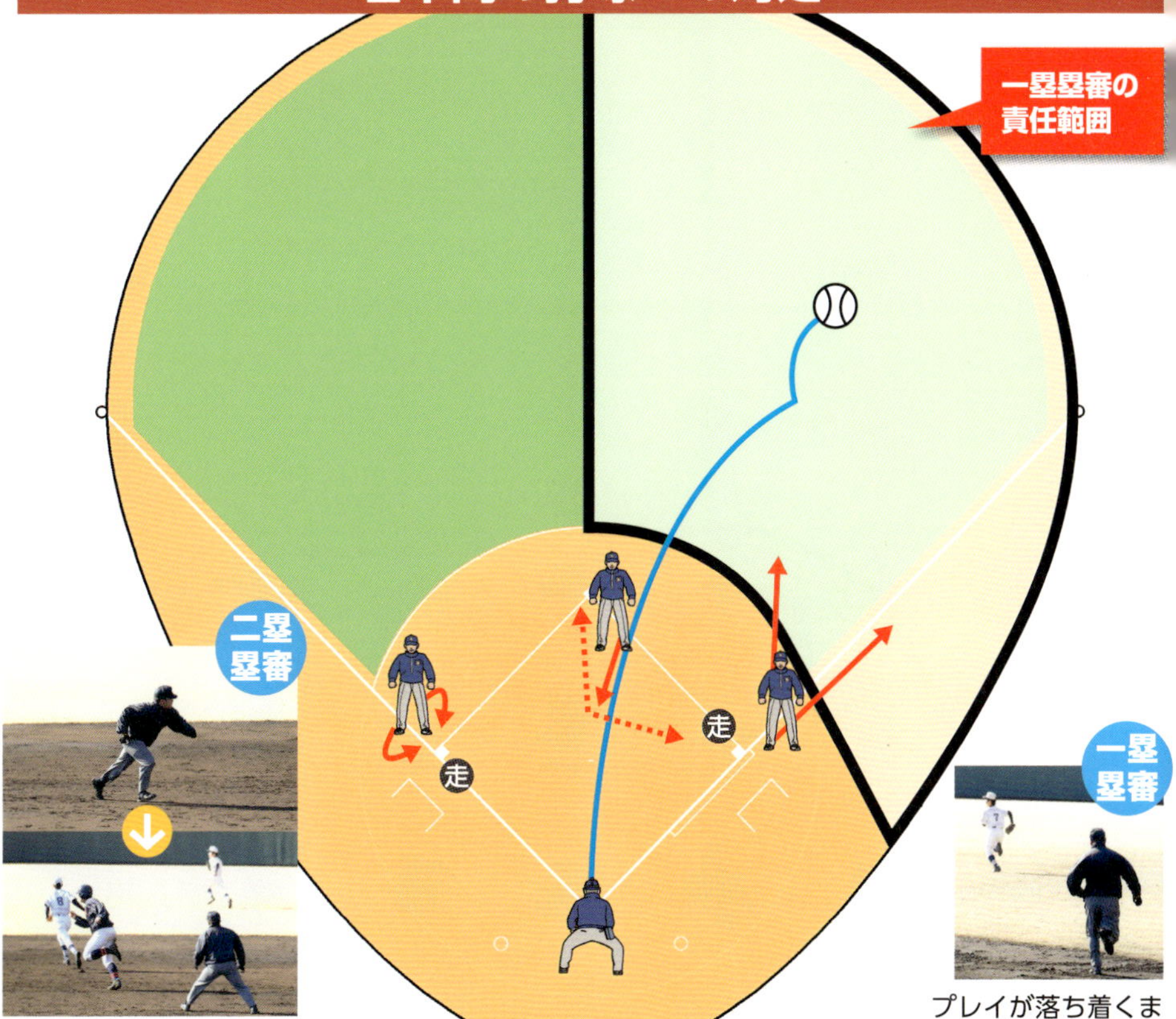

一・二塁のプレイに備える。

プレイが落ち着くまで、その場に留まる。

球審	本塁でのプレイに備える。
一塁塁審	打球を追って、ボールの行方を見る。
二塁塁審	一塁走者、打者走者の一・二塁間のプレイに備える。飛球ならば、一塁走者のタッチアップを確認。
三塁塁審	三塁でのプレイに備える。

ここだけは覚えよう　タイムプレイで得点

一死、走者一・三塁で打者が内野ゴロ、併殺プレイが完成する前に三塁走者が本塁を踏んでも、これは得点にはなりません。フォースプレイ以外の、例えば、二死、走者一・三塁で一塁走者がけん制球に誘い出され一・二塁間の挟殺プレイになった場合には一塁走者がタッチされる前に三塁走者が本塁を踏めば得点です。これをタイムプレイといいます。

走者二・三塁での動き

DVD 47

左中間の打球への対処

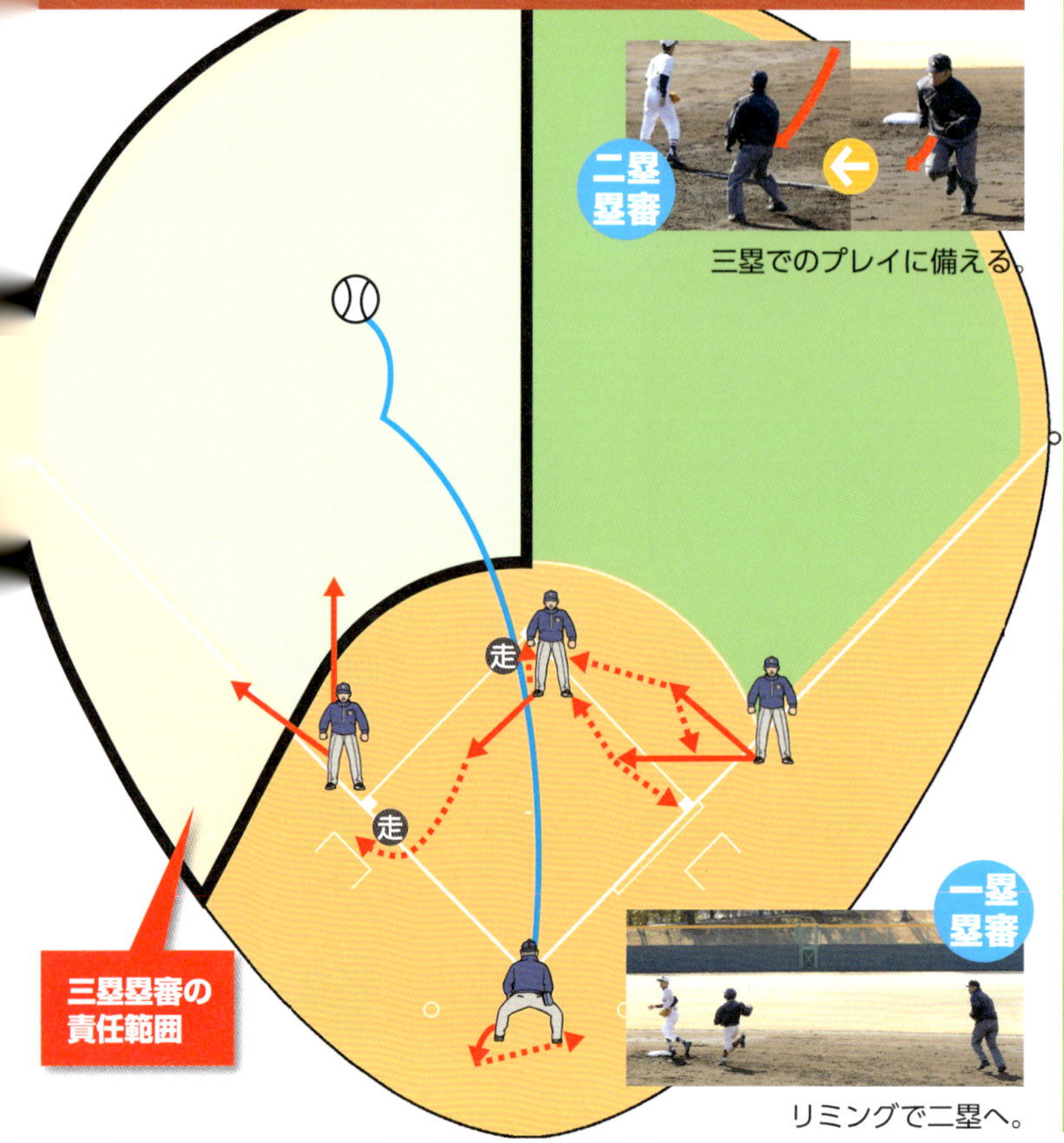

三塁でのプレイに備える。

リミングで二塁へ。

球審	本塁でのプレイに備える。
一塁塁審	打者走者の一塁触塁を確認し、一・二塁間でのプレイに備える。
二塁塁審	二塁走者の三塁触塁を確認してから三塁へ。
三塁塁審	打球を追い、プレイが落ち着くまでその場に留まる。

ここだけは覚えよう

深い飛球ならば

球審は本塁前方から左側に角度をつけて、三塁走者のタッチアップを確認した後、本塁でのプレイに備えます。二塁塁審はマウンド側に寄って二塁走者のタッチアップを確認してから三塁へ向かいます。一塁塁審、三塁塁審は各塁でのプレイに備えます。

ライトの打球への対処

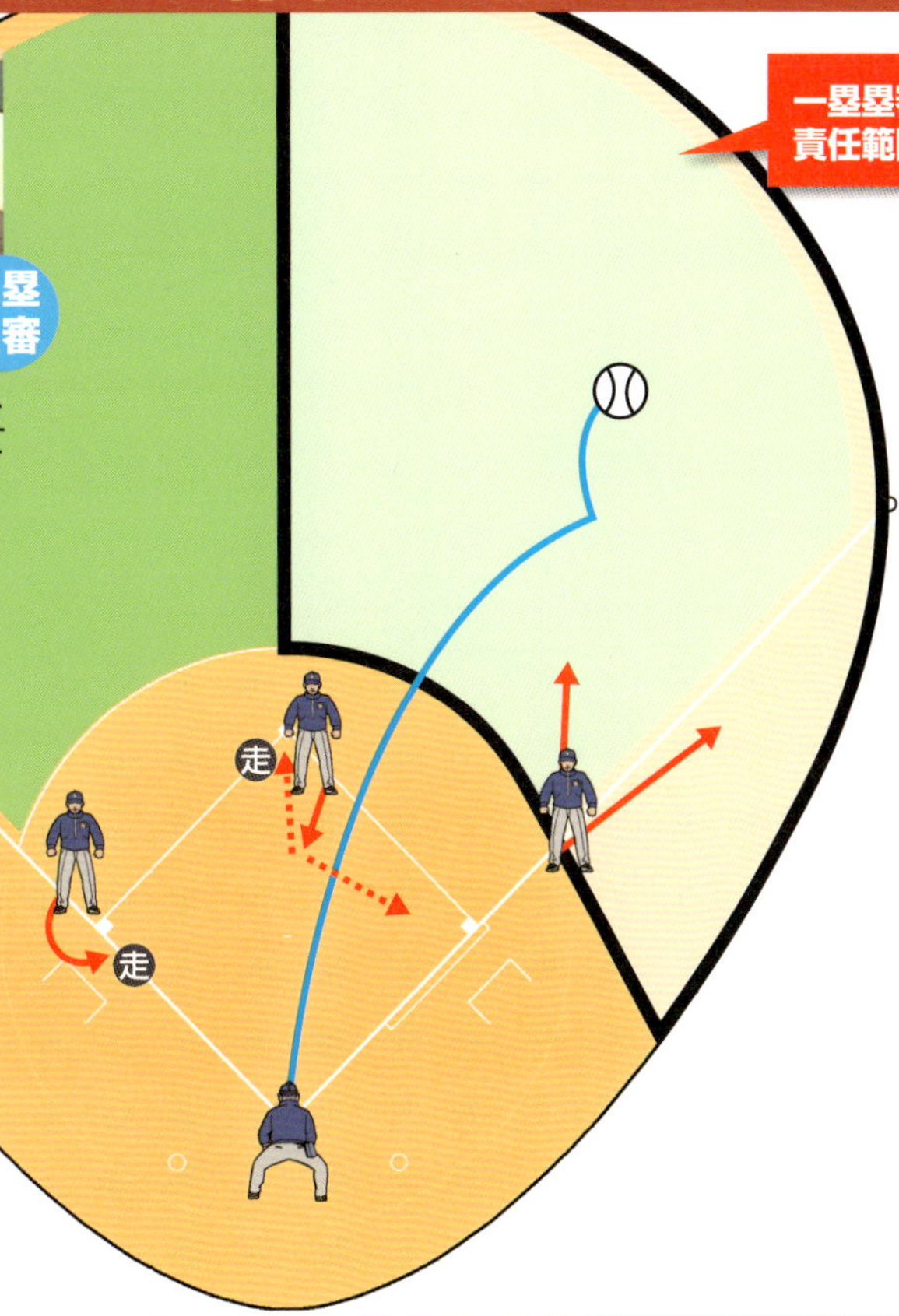

ステップバック後、一、二塁でのすべてのプレイに備える。

プレイが落ち着くまで、その場に留まる。

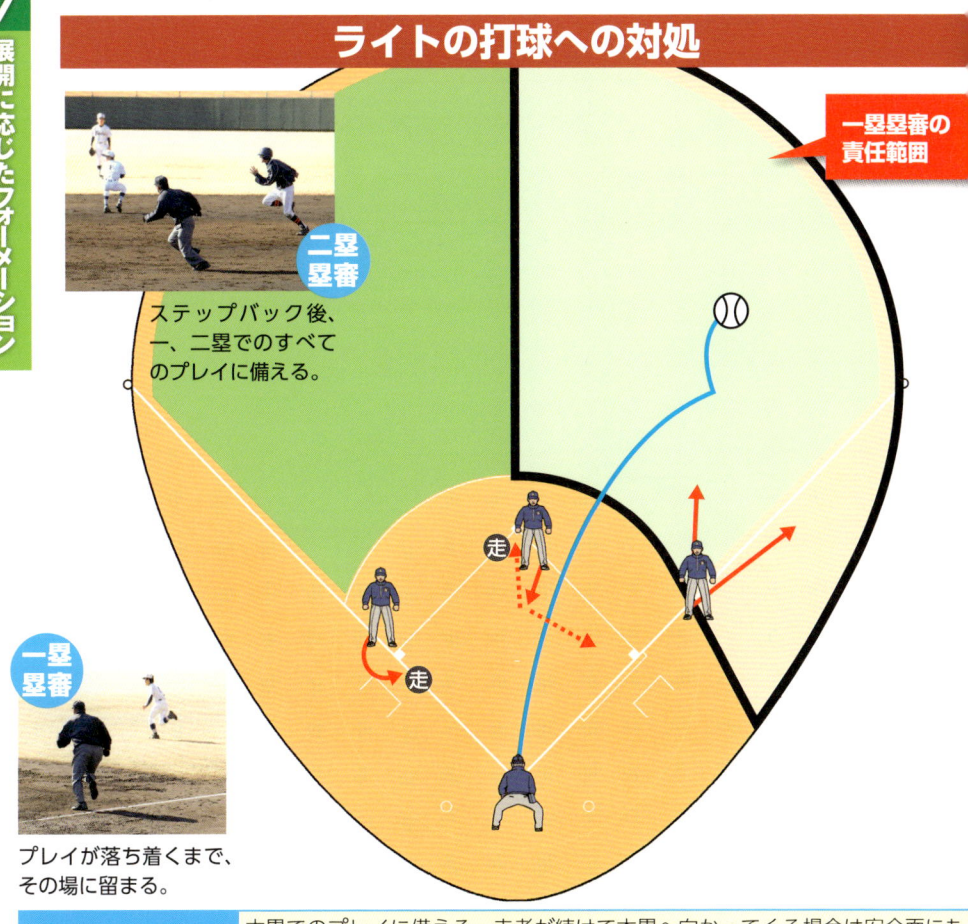

球審	本塁でのプレイに備える。走者が続けて本塁へ向かってくる場合は安全面にも注意する。
一塁塁審	外野への打球を追って、フェアかファウルボールの確認をする。
二塁塁審	ステップバックをしながら、一・二塁でのすべてのプレイに備える。
三塁塁審	三塁走者のタッチアップなど、三塁でのプレイに備える。

ここだけは覚えよう 本塁からの送球にも注意

外野からの送球間に打者走者が一塁を回って二塁へ向かい、本塁から二塁へ送球。よく見かける場面です。二塁塁審はマウンド方向に寄って、一塁、二塁の順に目線を合わせますが、捕手からの送球にも気をつけてポジションをとります。

走者満塁での動き

DVD 48

左中間の打球への対処

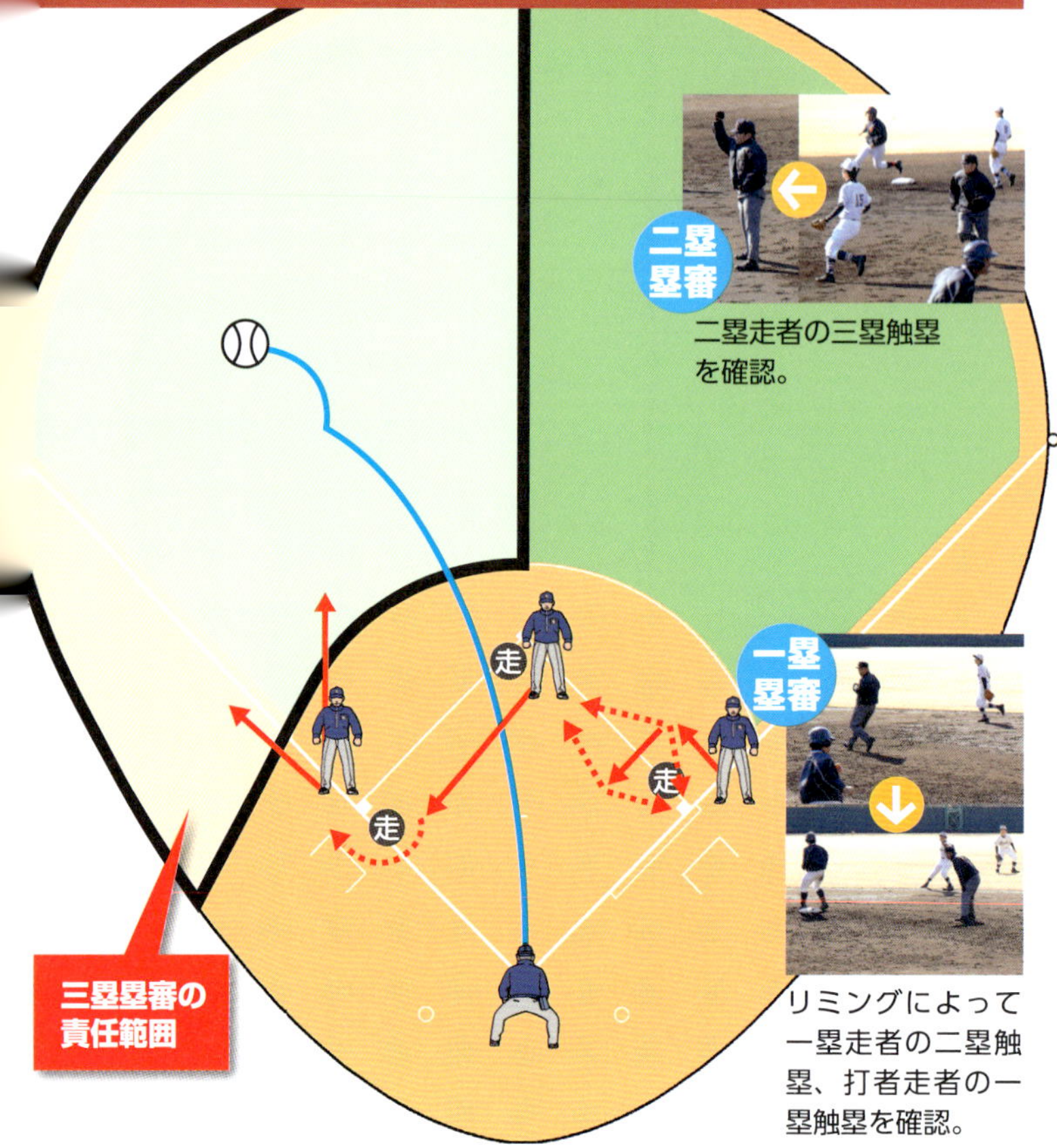

二塁走者の三塁触塁を確認。

リミングによって一塁走者の二塁触塁、打者走者の一塁触塁を確認。

球審	本塁でのプレイに備える。
一塁塁審	一塁走者の二塁触塁および打者走者の一塁触塁を確認後、一・二塁でのプレイに備える。
二塁塁審	三塁でのプレイに備える。
三塁塁審	打球を追い、プレイが落ち着くまでその場に留まる。

ここだけは覚えよう　外野への打球の責任範囲

満塁でも二塁塁審がダイヤモンドの内側に入る場面をよく見ます。この場合、二塁がそれまで受け持っていたセンターへの打球を一、三塁塁審で受け持つことになります。センターが左側に動いた打球は三塁塁審、右側に動いた打球は一塁塁審が責任を持ちます。

ライトの打球への対処

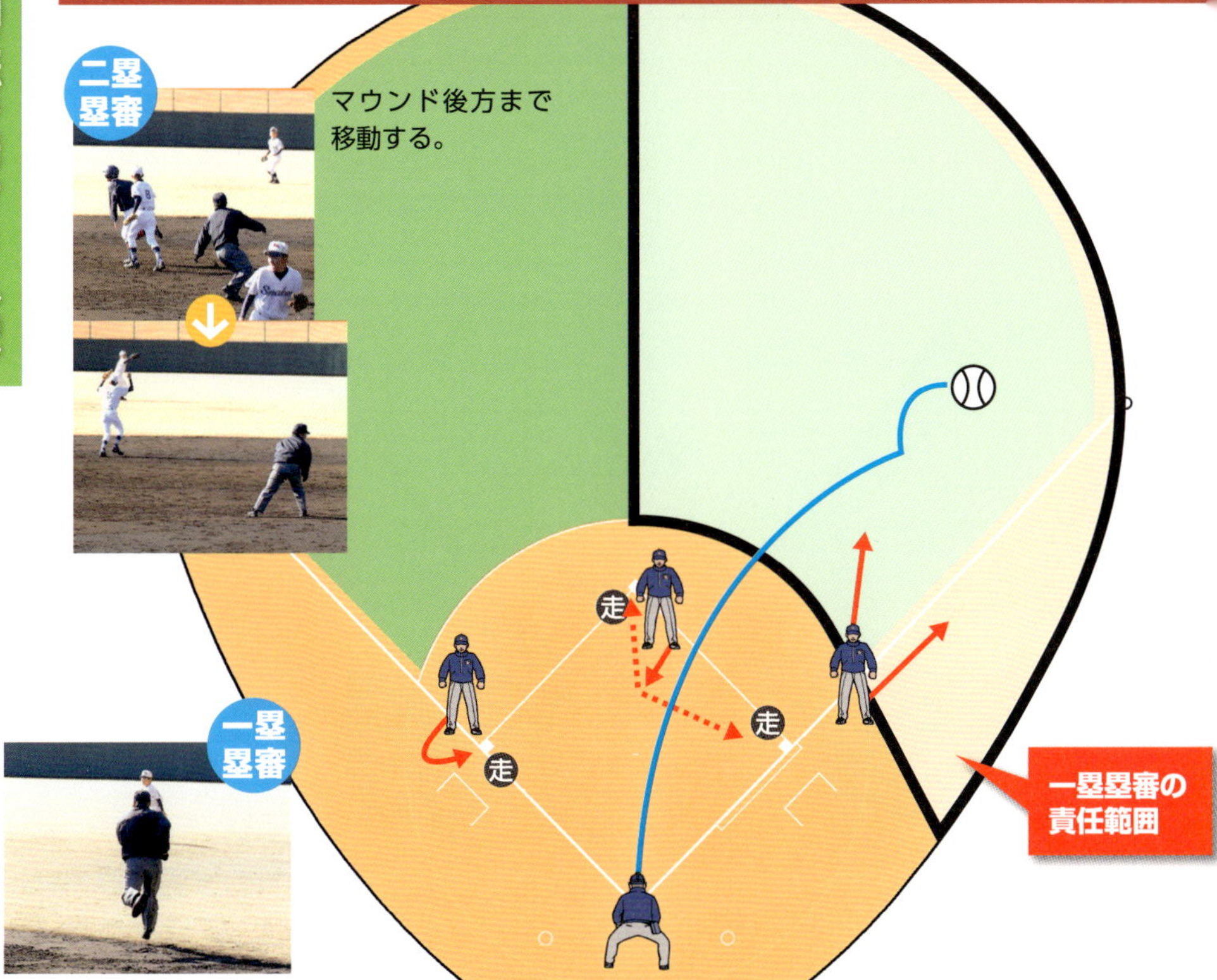
二塁
塁審
マウンド後方まで
移動する。
一塁
塁審
走
走
走
一塁塁審の
責任範囲

プレイが落ち着くまで、
その場に留まる。

球審	本塁でのプレイに備える。
一塁塁審	打球を追って、ボールの行方を見る。
二塁塁審	飛球なら一・二走者のタッチアップを確認し、一・二塁でのすべてのプレイに責任を持つ。
三塁塁審	飛球なら、三塁走者のタッチアップを確認。その後、三塁でのプレイに備える。

ここだけは覚えよう 同時に二つの塁を

広い球場でライト後方に大きな飛球が飛んだ場合、二塁塁審は一塁走者と二塁走者のタッチアップを見る必要があります。マウンド後方の場所へ移動し、視野を広く持ってジャッジします。また、走者が飛び出していた場合はリタッチのフォースプレイにも備えます。

(二塁塁審が外側にいた場合及び内野手の前進守備の場合)

左中間の打球への対処

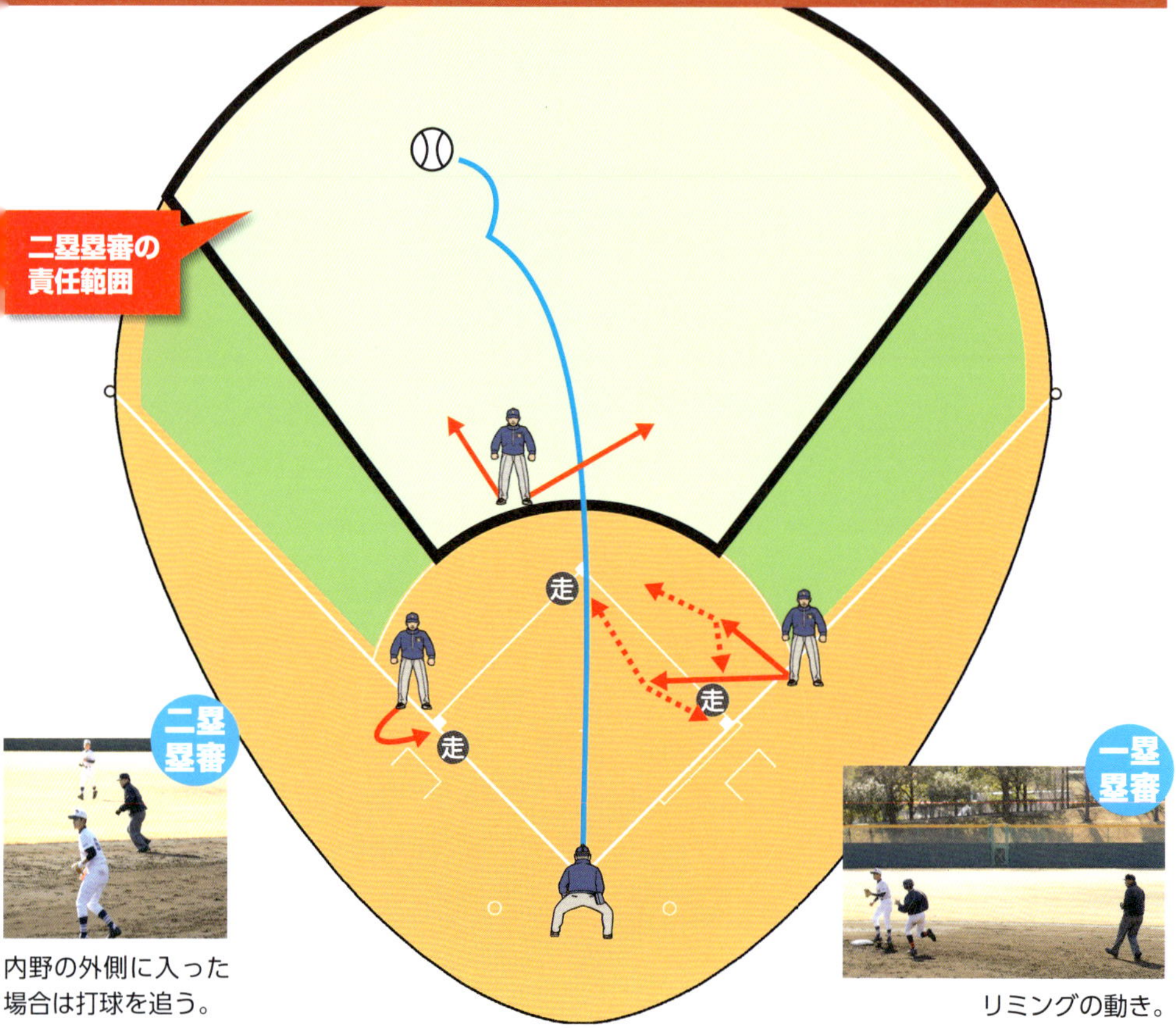

内野の外側に入った場合は打球を追う。

リミングの動き。

球審	本塁でのプレイに備える。
一塁塁審	一・二塁でのすべてのプレイに備える。
二塁塁審	打球を追って、プレイが落ち着くまで、その場に留まる。
三塁塁審	三塁走者のタッチアップおよび各走者の三塁触塁を確認し、三塁でのプレイに備える。

ここだけは覚えよう

走者がタッチアップした場合

球審は三塁走者のタッチアップを確認し、本塁でのプレイに備えます。一塁塁審はリミングによって一塁走者のタッチアップを確認、二塁でのプレイに備えます。二塁塁審は二塁走者のタッチアップの確認をし、三塁でのプレイに備えます。

判定に迷ったら、どうすべきか？

Umpire's Topic

「審判員は自己の決定について、誤りを犯しているのではないかと疑うようなことがあってはならないし、また、たとえ誤りを犯したとしても、埋め合わせをしようとしてはならない」と野球規則には定められています。

「『プレイを正しく見た』という確信があれば、『他の審判員に聞け』というプレーヤーの要求に従う必要はない」と、審判の尊厳が高らかに謳われています。

「確信がなければ、同僚の１人に聞くこともよいが、これもあまり度を越すようなことなく、機敏にプレイを十分把握して審判しなければならない」ともあります。あくまでも自分が責任を持ってジャッジすることが大切。

「しかしながら、正しい判定を下すことが第１の要諦《ようてい》であることを忘れてはならない。疑念のあるときは、ちゅうちょせず、同僚と協議しなければならない。審判員が威厳を保つことはもちろん大切ではあるが、『正確である』ということがより重要なことである」とのことです。

　当然のことのように記されていますが、試合本番という審判にとっての「戦場」では、気持ちが舞い上がってしまいかねません。平常心で臨むことが大切です。

審判は、威厳を保つことが大切だが、正確であることの方が優先される。必要な場合は協議し、公平なジャッジを心掛けること！

五十音別《ごじゅうおんべつ》

野球審判 さくいん

あ

か

公認野球規則で野球のルールを確認

本ページでは、本書で取り上げた項目が公認野球規則では実際にどう記載されているかを知ってもらうため、公認野球規則の一部を抜粋・省略して紹介しています。また、本書で取り上げきれなかった項目で、読者に知ってほしい内容も合わせて掲載しました。さらに詳しくより正確に知りたい方は、公認野球規則の最新版をご覧ください。

6・05　打者は、次の場合、アウトとなる。

(a) フェア飛球またはファウル飛球（ファウルチップを除く）が、野手に正規に捕らえられた場合。

(b) 第三ストライクと宣告された投球を、捕手が正規に捕球した場合。

(c) 無死または一死で一塁に走者がいるとき、第三ストライクが宣告された場合。

（➡本書 P88　Part4　打者に対するジャッジ「振り逃げの判定」）

(d) 二ストライク後の投球をバントしてファウルボールになった場合。

(e) インフィールドフライが宣告された場合。

（➡本書 P120　Part6　野手に対するジャッジ「インフィールドフライの判定」）

(f) 二ストライク後、打者が打った（バントの場合も含む）が、投球がバットに触れないで、打者の身体に触れた場合。

（➡本書 P87　Part4　打者に対するジャッジ「守備妨害の判定」）

(k) 一塁に対する守備が行なわれているとき、本塁一塁間の後半を走るに際して、打者がスリーフットラインの外側（向かって右側）またはファウルラインの内側（向かって左側）を走って、一塁への送球を捕らえようとする野手の動作を妨げたと審判員が認めた場合。この際は、ボールデッドとなる。

ただし、打球を処理する野手を避けるために、スリーフットラインの外側（向かって右側）またはファウルラインの内側（向かって左側）を走ることはさしつかえない。

（➡本書 P94　Part5　走者に対するジャッジ「スリーフットレーンの判定」）

(l) 無死または一死で、走者一塁、一・二塁、　一・三塁または一・二・三塁のとき、内野手がフェアの飛球またはライナーを故意に落とした場合。

ボールデッドとなって、走者の進塁は認められない。

【付記】内野手が打球に触れないでこれを地上に落としたときには、打者はアウトにならない。ただし、インフィールドフライの規則が適用された場合は、この限りではない。

【注一】本項は、容易に補球できるはずの飛球またはライナーを、内野手が地面に触れる前に片手または両手で現実にボールに触れて、故意に落とした場合に適用

5・00　ボールインプレイとボールデッド

5・01　試合を開始するときには、球審は“プレイ”を宣告する。

（➡本書 P27　Part2　試合の進行「準備投球から開始まで」）

5・02　球審が“プレイ”を宣告すればボールインプレイとなり、規定によってボールデッドとなるか、または審判員が“タイム”を宣告して試合を停止しない限り、ボールインプレイの状態は続く。

ボールデッドとなった際は、各プレーヤーはアウトになったり、進塁したり、帰塁したり、得点することはできない。

ただし、ボールインプレイ中に起きた行為（たとえば、ボーク、悪送球、インターフェア、ホームランまたはプレイングフィールドの外に出たフェアヒット）などの結果、一個またはそれ以上の進塁が認められた場合を除く。

【原注】ボールが試合中部分的にはがれた場合は、そのプレイが完了するまで、ボールインプレイの状態は続く。

（➡本書 P46　Part2　試合の進行「ボールインプレイとボールデッドの違い」）

5・10　審判員が“タイム”を宣告すれば、ボールデッドとなる。

（➡本書 P48　Part2　試合の進行「タイムのとり方」）

6・00　打者

6・02　打者の義務

(a) 打者は自分の打順がきたら、速やかにバッタースボックスに入って、打撃姿勢をとらなければならない。

（➡本書 P76　Part4　打者に対するジャッジ「バッターボックス内の違反」）

(b) 打者は、投手がセットポジションをとるか、またはワインドアップを始めた場合には、バッタースボックスの外に出たり、打撃姿勢をやめることは許されない。

ペナルティ　打者が本項に違反した際、投手が投球すれば、球審はその投球によってボールまたはストライクを宣告する。

（➡本書 P76　Part4　打者に対するジャッジ「バッターボックス内の違反」）

違いの判定」)

6・08　打者は、次の場合走者となり、アウトにされるおそれなく、安全に一塁が与えられる。(ただし、打者が一塁に進んで、これに触れることを条件とする)

(a) 審判員が“四球”を宣告した場合。

(b) 打者が打とうとしなかった投球に触れた場合。

ただし、(1) バウンドしない投球が、ストライクゾーンで打者に触れたとき、(2) 打者が投球を避けないでこれに触れたときは除かれる。

バウンドしない投球がストライクゾーンで打者に触れた場合には、打者がこれを避けようとしたかどうかを問わず、すべてストライクが宣告される。

しかし、投球がストライクゾーンの外で打者に触れ、しかも、打者がこれを避けようとしなかった場合には、ボールが宣告される。

【付記】打者が投球に触れたが一塁を許されなかった場合も、ボールデッドとなり、各走者は進塁できない。

【注一】“投球がストライクゾーンで打者に触れた”ということは、ホームプレートの上方空間に限らず、これを前後に延長した空間で打者に触れた場合も含む。

【注二】投球が、ストライクゾーンの外で打者に触れた場合でも、その投球が、ストライクゾーンを通っていたときには、打者がこれを避けたかどうかを問わず、ストライクが宣告される。

【注三】打者が投球を避けようとしたかどうかは、一に球審の判断によって決定されるものであって、投球の性質上避けることができなかったと球審が判断した場合には、避けようとした場合と同様に扱われる。

【注四】投球がいったん地面に触れた後、これを避けようと試みた打者に触れた場合も、打者には一塁が許される。ただし、ストライクゾーンを通ってからバウンドした投球に触れた場合を除く。

(c) 捕手またはその他の野手が、打者を妨害(インターフェア)した場合。

しかし、妨害にもかかわらずプレイが続けられたときには、攻撃側チームの監督は、そのプレイが終わってからただちに、妨害行為に対するペナルティの代わりに、そのプレイを生かす旨を球審に通告することができる。

ただし、妨害にもかかわらず、打者が安打、失策、四球、死球、その他で一塁に達し、しかも他の全走者が少なくとも一個の塁を進んだときは、妨害とは関係なく、プレイは続けられる。

【注一】監督がプレイを生かす旨を球審に通告するにあたっては、プレイが終わったら、ただちに行なわなければならない。なお、いったん通告したら、これを取り消すことはできない。

(→本書 P72　Part3　バッテリーに対するジャッジ「打撃妨害の判定」)

される。

【注二】投手、捕手および外野手が、内野で守備した場合は、本項の内野手と同様に扱う。また、あらかじめ外野に位置していた内野手は除く。

(→本書 P122　Part6　野手に対するジャッジ「故意落球の判定」)

(m) 野手が、あるプレイをなし遂げるために、送球を捕らえようとしているか、または送球しようとしているのを前位の走者が故意に妨害したと審判員が認めた場合。

【注】まだアウトにならない前位の走者の妨害行為に対する処置は、本項では定めていないように見えるが、7・08 (b) に規定してあるとおり、このような妨害行為に対しては、その走者はもちろん打者もともにアウトにする規則であって、このような粗暴な行為を禁止するために規定された条項である。すでにアウトになった走者または得点したばかりの走者の妨害行為に対しては、7・09 (e) に規定されている。

(→本書 P107　Part5　走者に対するジャッジ「走者の守備妨害の判定①」)

6・06　次の場合、打者は反則行為でアウトになる。

(a) 打者が片足または両足を完全にバッタースボックスの外に置いて打った場合。

【原注】本項は、打者が打者席の外に出てバットにボールを当てた(フェアかフェウルを問わない)とき、アウトを宣告されることを述べている。球審は、故意四球が企てられているとき、投球を打とうとする打者の足の位置に特に注意を払わなければならない。打者は打者席から跳び出したり、踏み出して投球を打つことは許されない。

(→本書 P76　Part4　打者に対するジャッジ「バッターボックス内の違反」)

6・07　打撃順に誤りがあった場合。

(a) 打撃表に記載されている打者が、その番のときに打たないで、番でない打者(不正位打者)が打撃を完了した(走者となるか、アウトとなった)後、相手方がこの誤りを発見してアピールすれば、正位打者はアウトを宣告される。

ただし、不正位打者の打撃完了前ならば、正位打者は、不正位打者の得たストライクおよびボールのカウントを受け継いで、これに代わって打撃につくことはさしつかえない。

(b) 不正位打者が打撃を完了したときに、守備側チームが、“投手の投球”前に球審にアピールすれば、球審は、

(1) 正位打者にアウトを宣告する。

(2) 不正位打者の打球によるものか、または不正位打者が安打、失策、四球、死球、その他で一塁に進んだことに起因した、すべての進塁および得点を無効とする。

(→本書 P78　Part4　打者に対するジャッジ「打順間

本条規定のアピールは、投手が打者へ次の一球を投じるまで、または、たとえ投球しなくてもその前にプレイをしたりプレイを企てるまでに行なわなければならない。

イニングの表または裏が終わったときのアピールは、守備側チームのプレーヤーが競技場を去るまでに行なわなければならない。

アピールは、その消滅の基準となるプレイまたはプレイの企てとはみなさない。

投手がアピールのために塁に送球し、スタンドの中などボールデッドの個所にボールを投げ込んだ場合には、同一走者に対して、同一塁についてのアピールを再びすることは許されない。

第三アウトが成立した後、ほかにアピールがあり、審判員が、そのアピールを支持した場合には、そのアピールアウトが、そのイニングにおける第三アウトとなる。

また、第三アウトがアピールによって成立した後でも、守備側チームは、このアウトよりもほかに有利なアピールプレイがあれば、その有利となるアピールアウトを選んで、先の第三アウトと置きかえることができる。

“守備側チームのプレーヤーが競技場を去る”とあるのは、投手および内野手が、ベンチまたはクラブハウスに向かうために、フェア地域を離れたことを意味する。

（→本書 P118　Part6　野手に対するジャッジ「アピールプレイの判定」）

8・00　投手

8・00　正規の投球――投球姿勢にはワインドアップポジションと、セットポジションとの二つの正規のものがあり、どちらでも随時用いることができる。

投手は、投手板に触れて捕手からのサインを受けなければならない。

(a) ワインドアップポジション

投手は、打者に面して立ち、その軸足は投手板に触れて置き、他の足の置き場所には制限がない。

この姿勢から、投手は、

① 打者への投球に関連する動作を起こしたならば、中途で止めたり、変更したりしないで、その投球を完了しなければならない。

② 実際に投球するときを除いて、どちらの足も地面から上げてはならない。ただし、実際に投球するときは、自由な足（軸足でない足）を一歩後方に引き、さらに一歩前方に踏み出すこともできる。

（→本書 P56　Part3　バッテリーに対するジャッジ「ワインドアップの投球動作」）

（→本書 P60　Part3　バッテリーに対するジャッジ「ボークの判定①」）

【注一】アマチュア野球では、投手の軸足および自由な足に関し、次のとおりにする。

（→本書 P100　Part5　走者に対するジャッジ「安全進塁権の判定」）

6・09　次の場合、打者は走者となる。

(d) フェア飛球が、本塁からの距離が二五〇㌳（七六・一九九㍍）以上あるフェンスを越えるか、スタンドに入った場合、打者がすべての塁を正規に触れれば、本塁打が与えられる。

（→本書 P90　Part4　打者に対するジャッジ「ホームランの判定」）

フェア飛球が、本塁からの距離が二五〇㌳（七六・一九九㍍）未満のフェンスを越えるか、スタンドに入った場合は、二塁打が与えられる。

（→本書 P101　Part5　走者に対するジャッジ「安全進塁権の判定」）

7・00　走者

7・03　同一塁上の二走者

(a) 二走者が同時に一つの塁を占有することは許されない。ボールインプレイの際、二走者が同一の塁に触れているときは、その塁を占有する権利は前位の走者に与えられているから、後位の走者はその塁に触れていても触球されればアウトとなる。ただし（b）項適用の場合を除く。

(b) 打者が走者となったために進塁の義務が生じ、二人の走者が後位の走者が進むべき塁に触れている場合には、その塁を占有する権利は後位の走者に与えられているので、前位の走者は触球されるか、野手がボールを保持してその走者が進むべき塁に触れればアウトになる。

（→本書 P104　Part5　走者に対するジャッジ「追い越し、同一塁上の走者の判定」）

7・10　次の場合、アピールがあれば、走者はアウトとなる。

(a) 飛球が捕らえられた後、走者が再度の触塁（リタッチ）を果たす前に、身体あるいはその塁に触球された場合。

(b) ボールインプレイのとき、走者が進塁または逆走に際して各塁に触れ損ねたとき、その塁を踏み直す前に、身体あるいは触れ損ねた塁に触球された場合。

【付記】塁を空過した走者は、

(1) 後位の走者が得点してしまえば、その空過した塁を踏み直すことは許されない。

(2) ボールデッドのもとでは、空過した塁の次の塁に達すれば、その空過した塁を踏み直すことは許されない。

(c) 走者が一塁をオーバーランまたはオーバースライドした後、ただちに帰塁しないとき、身体または塁に触球された場合。

(d) 走者が本塁に触れず、しかも本塁に触れ直そうとしないとき、本塁に触球された場合。

ぶらぶらさせて投球することである。

（➡本書 P60　Part3　バッテリーに対するジャッジ「ボークの判定①」）

【注三】投手がセットポジションをとるにあたっては、投手板を踏んだ後投球するまでに、必ずボールを両手で保持したことを明らかにしなければならない。その保持に際しては、身体の前面ならどこで保持してもよいが、いったん両手でボールを保持して止めたならば、その保持した個所を移動させてはならず、完全に身体の動作を停止して、首以外はどこも動かしてはならない。

【注四】セットポジションからの投球に際して、自由な足は、
① 投手板の真横に踏み出さない限り、前方ならどの方向に踏み出しても自由である。
② ワインドアップポジションの場合のように、一歩後方に引き、そして更に一歩踏み出すことは許されない。
【注五】投手は走者が塁にいるとき、セットポジションをとってからでも、プレイの目的のためなら、自由に投手板をはずすことができる。この場合、軸足は必ず投手板の後方にはずさなければならず、側方または前方にはずすことは許されない。投手が投手板をはずせば、打者への投球はできないが、走者のいる塁には、ステップをせずにスナップだけで送求することも、また送球のまねをすることも許される。

【注六】ワインドアップポジションとセットポジションとの区別なく、軸足を投手板に触れてボールを両手で保持した投手が、投手板から軸足をはずすにあたっては、必ずボールを両手で保持したままはずさねばならない。また、軸足を投手板からはずした後には、必ず両手を離して身体の両側に下ろし、あらためて軸足を投手板に触れなければならない。
(c) 投手が、準備動作を起こしてからでも、打者への投球に関連する動作を起こすまでなら、いつでも塁に送球することができるが、それに先立って、送球しようとする塁の方向へ、直接踏み出すことが必要である。
【注】投手が投手板をはずさずに一塁へ送求する場合、投手板上で軸足が踏みかわっても、その動作が一挙動であればさしつかえない。しかし、送球前に軸足を投手板の上でいったん踏みかえた後に送球すれば、軸足の投手板上の移行としてボークとなる。
(d) 塁に走者がいないときに、投手が反則投球をした場合には、その投球には、ボールが宣告される。ただし、打者が安打、失策、四球、死球、その他で一塁に達した場合は除く。
【注】球審は、反則投球に対してボールを宣告したならば、それが反則投球によるものであることを投手に指

① 投手は、打者に面して立ち、その軸足は投手板に触れて置き､他の足の置き場所には制限がない。ただし、他の足を投手板から離して置くときは、足全体を投手板の前縁の延長線より前に置くことはできない。
② 投手が①のように足を置いてボールを両手で身体の前方に保持すれば、ワインドアップポジションをとったものとみなされる。
（➡本書 P56　Part3　バッテリーに対するジャッジ「ワインドアップの投球動作」）
(b) セットポジション
投手は、打者に面して立ち、軸足を投手板に触れ、他の足を投手板の前方に置き、ボールを両手で身体の前方に保持して、完全に動作を静止したとき、セットポジションをとったとみなされる。

この姿勢から、投手は、
① 打者に投球しても、塁に送球しても、軸足を投手板の後方（後方に限る）にはずしてもよい。
② 打者への投球に関連する動作を起こしたならば、中途で止めたり、変更したりしないで、その投球を完了しなければならない。
（➡本書 P58　Part3　バッテリーに対するジャッジ「セットポジションの投球動作」）

（➡本書 P60　Part3　バッテリーに対するジャッジ「ボークの判定①」）

セットポジションをとるに際して“ストレッチ”として知られている準備動作（ストレッチとは、腕を頭上または身体の前方に伸ばす行為をいう）を行なうことができる。しかし、ひとたびストレッチを行なったならば、打者に投球する前に、必ずセットポジションをとらなければならない。

投手は、セットポジションをとるに先立って、片方の手を下に下ろして身体の横につけていなければならない。この姿勢から、中断することなく、一連の動作でセットポジションをとらなければならない。

投手は、ストレッチに続いて投球する前には（a）ボールを両手で身体の前方に保持し、（b）完全に静止しなければならない。審判員は、これを厳重に監視しなければならない。投手は、しばしば走者を塁に釘づけにしようと規則破りを企てる。投手が“完全な静止”を怠った場合には、審判員は、ただちにボークを宣告しなければならない。

（➡本書 P63　Part3　バッテリーに対するジャッジ「ボークの判定②」）

【注二】本条（a）（b）項でいう“中途で止めたり、変更したり”とはワインドアップポジションおよびセットポジションにおいて、投手が投球動作中に、故意に一時停止したり、投球動作をスムーズに行なわずに、ことさらに段階をつけるモーションをしたり、手足を

要請を行なってもボールインプレイであり、塁審がストライクの裁定に変更する場合があるから、打者、走者、野手を問わず、状況の変化に対応できるよう常に注意していなければならない。

監督が、ハーフスイングに異議を唱えるためにダッグアウトから出て一塁または三塁に向かってスタートすれば警告が発せられる。警告にもかかわらず一塁または三塁に近づけば試合から除かれる。監督はハーフスイングに関して異議を唱えるためにダッグアウトを離れたつもりでも、ボール、ストライクの宣告について異議を唱えるためにダッグアウトを離れたことになるからである。

（➞本書 P84　Part4　打者に対するジャッジ「ハーフスイングの判定②」）

9・04　球審および塁審の任務

(a) アンパイヤーインチーフ（通常球審と呼ばれている）は、捕手の後方に位置しその任務は次のとおりである。

(1) 試合の適正な運行に関するすべての権限と義務とを持つ。

(2) 捕手の後方に位置し、ボールとストライクを宣告し、かつそれをカウントする。

(3) 通常塁審によって宣告される場合を除いて、フェアボールとファウルボールを宣告する。

(4) 打者に関するすべての裁定を下す。

(5) 通常塁審が行なうものとされているものを除いたすべての裁定を下す。

(6) フォーフィッテッドゲームの裁定を下す。

(7) 特定の時刻に競技を打ち切ることが決められている場合には、試合開始前にその事実と終了時刻を公表する。

(8) 公式記録員に打撃順を知らせる。また出場プレーヤーに変更があれば、その変更を知らせる。

(9) 球審の判断で特別グラウンドルールを発表する。

（➞本書 P12　Part1　審判とは何か「審判員の役目」）
（➞本書 P16　Part1　審判とは何か「球審と塁審の役割」）

(b) フィールドアンパイヤーは、塁におけるとっさの裁定を下すのに最適と思われる位置を占め、その任務は次のとおりである。

(1) 特に球審が行なう場合を除く塁におけるすべての裁定を下す。

(2) タイム、ボーク、反則投球またはプレーヤーによるボールの損傷、汚色の宣告について、球審と同等の権限を持つ。

（➞本書 P12　Part1　審判とは何か「審判員の役目」）
（➞本書 P16　Part1　審判とは何か「球審と塁審の役割」）

摘する。

（➞本書 P70　Part3　バッテリーに対するジャッジ「反則投球の判定」）

(e) 投手がその軸足を投手板の後方にはずしたときは、内野手とみなされる。したがって、その後、塁に送球したボールが悪送球となった場合には、他の内野手による悪送球と同様に取り扱われる。

(f) 投手は、球審、打者および走者に、投手板に触れる際、どちらかの手にグラブをはめることで、投球する手を明らかにしなければならない。

投手は、打者がアウトになるか走者になるか、攻守交代になるか、打者に代打者が出るか、あるいは投手が負傷するまでは、投球する手を変えることはできない。投手が負傷したために、同一打者の打撃中に投球する手を変えれば、その投手は以降再び投球する手を変えることはできない。投手が投球する手を変えたときには、準備投球は認められない。

投球する手の変更は、球審にはっきりと示さなければならない。

（➞本書 P74　Umpire's topic「両打ち、両投げ投手アリ？」）

9・00　審判員

9・02　審判員の裁定

(c) 審判員が、その裁定に対してアピールを受けた場合は、最終の裁定を下すにあたって、他の審判員の意見を求めることはできる。裁定を下した審判員から相談を受けた場合を除いて、審判員は、他の審判員の裁定に対して、批評を加えたり、変更を求めたり、異議を唱えたりすることは許されない。

《審判員が協議して先に下した裁定を変更する場合、審判員は、走者をどこまで進めるかを含め、すべての処置をする権限を有する。この審判員の裁定に、プレーヤー、監督またはコーチは異議を唱えることはできない。異議を唱えれば、試合から除かれる。》

【原注一】《新》監督は、審判員にプレイおよび裁定を変更した理由について説明を求めることはできる。しかし、いったん審判員の説明を受ければ、審判員に異議を唱えることは許されない。

【原注二】ハーフスイングの際、球審がストライクと宣告しなかったときだけ、監督または捕手は、振ったか否かについて、塁審のアドバイスを受けるよう球審に要請することができる。球審は、このような要請があれば、塁審にその裁定を一任しなければならない。

塁審は、球審からの要請があれば、ただちに裁定を下す。このようにして下された塁審の裁定は最終のものである。

ハーフスイングについて、監督または捕手が前記の

■監修者

横溝　直樹
（よこみぞ　なおき）
公益財団法人
全日本軟式野球連盟
技術委員長

牧野　勝行
（まきの　かつゆき）
公益財団法人
東京都軟式野球連盟
専務理事

■審判員モデル
公益財団法人東京都軟式野球連盟
（石丸大史 千木良稔 江本誠 武井渉 杉村信夫）

■撮影協力
公益財団法人東京都軟式野球連盟
日本大学第二中学校軟式野球部
大森ホワイトスネークス

球界のすべての人から注目され敬愛の念を受けるのが審判員なのです

審判を始めたころの苦い思い出です。一塁審判の時、走者一塁で一塁線に送りバンド。私は打球しか見ていなかったので、一塁ベースカバーに入ろうとした二塁手とぶつかり倒れてしまいました。その時、打球だけではなく、まわりも落ち着いて見る周辺視が必要なことを痛感しました。

審判員になれば、時には自信を持って下した判定でも、ミスを指摘されたり、つらい思いをすることもあります。しかし、そうした困難を克服してこそ、野球の本当の魅力がわかってきます。

大学の監督から「審判の先生、教えてもらいたいことがあるのですが」と言われたことが、今でも私の励みです。審判員は、本人の一途な努力と精進によって、球界に携わるすべての人びとから注目され、敬愛の念を一身に受けられるのです。

本書を通して、審判の大切さ、面白さを知ってもらい、審判をやってみたいと思う方が１人でも増えてくれればこれに勝る喜びはありません。

横溝直樹

●審判員モデル――公益財団法人東京都軟式野球連盟
（石丸大史　千木良稔　江本誠　武井渉　杉村信夫）
●撮影協力――公益財団法人東京都軟式野球連盟　日本大学第二中学校軟式野球部
大森ホワイトスネークス　稲城中央公園野球場
●写真――松園多聞　桜井ひとし
●DVD制作――爽美録音株式会社
●イラスト――丸口洋平
●デザイン・DTP―株式会社センターメディア
●執筆協力――木場孝　鈴木秀樹　吉田正広
●編集協力――ナイスク（松尾里央　岸正章）

DVD試合《しあい》で使《つか》える
野球審判《やきゅうしんぱん》のしかたとルール

●監修者――横溝直樹・牧野勝行［よこみぞなおき・まきのかつゆき］
●発行者――若松 和紀
●発行所――株式会社西東社《せいとうしゃ》
〒113-0034 東京都文京区湯島 2-3-13
営業部：TEL（03）5800-3120　FAX（03）5800-3128
編集部：TEL（03）5800-3121　FAX（03）5800-3125
URL：http://www.seitosha.co.jp/

ISBN978-4-7916-1957-3